Armin Fuhrer

Lichtgestalten *und ihre* Schattenseiten

Armin Fuhrer

Lichtgestalten *und ihre* Schattenseiten

lau verlag

**Bibliografische Information
der Deutschen Nationalbibliothek**
Die Deutsche Nationalbibliothek verzeichnet diese
Publikation in der Deutschen Nationalbibliografie;
detaillierte bibliografische Daten sind
im Internet über http://dnb.d-nb.de abrufbar.

Mit 10 Abbildungen

Bildnachweis und Titelabbildungen: Mutter Teresa (S. 15 und Titelabb. obere Reihe, rechts) © ullstein bild - Jüschke; Henry Ford (S. 37 und Titelabb. mittlere Reihe, rechts) © ullstein bild - Süddeutsche Zeitung Photo / Scherl; Ernesto »Che« Guevara (S. 57 und Titelabb. obere Reihe, links) © ullstein bild - Roger-Viollet; Robert Koch (S. 79 und Titelabb. untere Reihe, links) © ullstein bild - ullstein bild; Thomas Jefferson (S. 99 und Titelabb. untere Reihe, rechts) © Ullstein bild - AP; Coco Chanel (S. 117 und Titelabb. untere Reihe, Mitte) © ullstein bild - TopFoto; Christoph Kolumbus (S. 139 und Titelabb. mittlere Reihe, links) © ullstein bild - adoc-photos; Mahatma Gandhi (S. 161 und Titelabb. obere Reihe, Mitte) © ullstein bild - ullstein bild; Leni Riefenstahl (S. 183 und Titelabb. mittlere Reihe, 2. von rechts) © ullstein bild - ullstein bild; Carl Hagenbeck (S. 209 und Titelabb. mittlere Reihe, 2. von links) © ullstein bild - The Estate of Emil Bieber / Klaus Niermann

ISBN 978-3-95768-246-8

Internet: www.lau-verlag.de

Umschlagentwurf: pl, Lau-Verlag, Reinbek
Satz und Layout: pl, Lau-Verlag, Reinbek
Druck und Bindung: Finidr, s.r.o.
Printed in Czech Republic

Inhalt

Einleitung

Dieses Buch ist kein Beitrag zur Debatte um die sogenannte Cancel Culture, die, von den USA ausgehend, inzwischen auch in Deutschland tobt. Dabei geht es – sehr verkürzt gesagt – darum, historische Persönlichkeiten aus dem Gedächtnis der Gesellschaft zu löschen und zu ächten, weil sie tatsächlich oder scheinbar nicht mehr in unsere Zeit passen, in der sich die Auffassungen zu historischen Erscheinungen wie Kolonialismus oder Krieg, zu Sexualität und Genderfragen, um nur einige Beispiele zu nennen, geändert haben. Diese Löschung aus dem Bewusstsein, diese Ächtung sind nicht nur sinnbildlich zu verstehen, sondern auch wörtlich, denn in vielen Ländern, vor allem in den USA und den westeuropäischen, werden Denkmäler gestürzt und beseitigt, die an Menschen erinnern, die noch vor relativ kurzer Zeit allgemeine oder zumindest doch weitverbreitete Zustimmung erhielten, nun aber immer mehr in die Kritik geraten. Das kann vielleicht in immer diverser werdenden Gesellschaften gar nicht anders sein, aber wichtig ist die Frage, wie die Gesellschaften mit dieser Entwicklung umgehen. Denn Denkmäler symbolisieren die eigene kollektive

Geschichte, und wer sie stürzt, beseitigt einen Teil dieser Geschichte.

Ich halte das für falsch, auch wenn es sich um unliebsame Aspekte der Vergangenheit handelt. Fehler der Vergangenheit tilgt man nicht dadurch, dass man ihre steingewordene Erinnerung beseitigt. Das ist vergleichbar mit dem kleinen Kind, das sich im Dunkeln fürchtet und die Augen schließt, damit es die Dunkelheit nicht mehr sieht. Die Probleme, die bis in die Gegenwart reichen, werden durch diese Kultur des Abbruchs ja nicht beseitigt. Aber wir beseitigen mit jedem Denkmal, das wir abreißen, einen Anlass, uns mit echten oder möglichen Fehlentwicklungen auseinanderzusetzen und darüber – gerne kontrovers – zu diskutieren. Das Wort »Denkmal« lässt sich auch so lesen: »denk mal«. Jedes Monument bietet also eine Möglichkeit, über eine historische Figur und ihr Wirken in der Geschichte nachzudenken. Beim Städtetrip in Berlin, London oder Paris genauso wie auf dem sonntäglichen Spaziergang, auf dem man vielleicht zufällig an einem solchen Denkmal vorbeikommt. Allerdings müssen umstrittene Denkmäler dann von einer Erklärung flankiert werden, welche die Menschen aufklärt und zum Denken anregt. Es ist allemal besser, sich mit der Geschichte auseinanderzusetzen, als sie zu beseitigen. Im Grundsatz gilt das übrigens auch für Straßennamen. Es gibt in meinen Augen nur in einem Fall die Berechtigung zum Abriss: Wenn ein Denkmal einer Gesellschaft, einem Land, einer Stadt von außen aufgedrückt wurde. Deshalb ist es verständlich, wenn die baltischen Staaten von den

Russen errichtete Denkmäler beseitigen, die frühere Generationen nicht freiwillig aufgestellt haben. Auch Denkmäler, die an Nazi-Funktionäre erinnern, sind nicht zu tolerieren.

Auch einige der in diesem Buch beschriebenen historischen Persönlichkeiten wie Mahatma Gandhi, Christoph Kolumbus oder Robert Koch wurden einst mit dem Aufstellen von Denkmälern, mit Straßen- oder Schulnamen geehrt. Manche der Denkmäler wurden in den vergangenen Jahren abgerissen. Leserinnen und Leser dieses Buches werden nach der Lektüre verstehen, warum diese Persönlichkeiten heute umstritten sind. Im Normalfall ist es aber so, dass die dunklen Seiten nur in das Bewusstsein der davon betroffenen heutigen Personen dringen, nicht in das der Allgemeinheit.

Das Auswahlkriterium für die Aufnahme in die Reihe von Lichtgestalten, deren dunkle Seiten hier beschrieben werden, ist aber nicht die Frage, ob für sie Denkmäler errichtet wurden – niemand, der bei Verstand ist, käme auf die Idee, eine Statue für Leni Riefenstahl aufzustellen. Das Auswahlkriterium ist ein ganz anderes: Alle zehn Personen, die auf den folgenden Seiten beschrieben werden, sind für die große Allgemeinheit oder zumindest für eine Gruppe von relevanter Größe eine Lichtgestalt. Ich verwende diesen Begriff für Personen, die in irgendeiner Weise aus dem Dunkel der Geschichte zu uns hinüberleuchten. Sie alle haben etwas vollbracht, das heute noch viele Menschen fasziniert – einen neuen Kontinent entdeckt, der Medizin große Fortschritte gebracht, eine Revolution an führender Stelle durchgeführt, Filme gedreht, die in die Filmgeschichte eingingen zum Beispiel. Aber sie müssen sich noch in einem weiteren Punkt kreuzen: Sie haben allesamt eine dunkle Seite, die vom Glanz ihres Ruhmes überstrahlt wird. Ziel des Buches ist, diese dunklen Flecken aufzuzeigen. Ein weiteres wichtiges Kriterium: Diese dunklen Flecken müssen auch schon Zeitgenossen bewusst gewesen sein. Denn Personen der Geschichte dürfen wir nur aus ihrer Zeit heraus beurteilen, vor allem, wenn daraus ein Verurteilen oder gar eine Ächtung werden kann.

Die Lektüre bereitet hoffentlich den Leserinnen und Lesern gewisse Aha-Erlebnisse und spannende, kurzweilige Eindrücke. Dass Mahatma Ghandi handfeste rassistische Einstellungen hatte, dass von der Legende um Che Guevara als sozialer Held und Befreier bei genauerer Betrachtung nichts übrig bleibt, dass Leni Riefenstahls Genie zu einem guten Teil nur geliehen war, dass Carl Hagenbeck nicht nur Tiere ausstellte, sondern auch Menschen wie Tiere vorführte, oder dass Mutter Teresa das Wohl der ihr anvertrauten Kranken oft herzlich egal war, wenn es um ihre religiösen Grundsätze ging – das sind nur einige der vielen erstaunlichen Aspekte, über die auf den folgenden Seiten berichtet wird. Aber es geht doch noch um mehr – das Buch soll auch eine Erinnerung daran sein, dass selbst die ganz Großen der Geschichte immer nur Menschen waren. Es soll skeptisch machen und dazu verleiten, öfter einen Blick hinter die vermeintlich glitzernde Fassade zu werfen, und zwar nicht nur, was die Geschichte betrifft, sondern auch, wenn es um das Heute geht. Die absolute Reinheit gibt es nicht. Selbst eine Sophie Scholl, deren Erinnerung als Nazi-Gegnerin sich längst im kollektiven Verständnis der Deutschen verselbstständigt hat, hat ihre dunklen Flecken – sie war die meiste Zeit ihres Lebens ein überzeugtes Mitglied des Bundes deutscher Mädel und blieb sogar freiwillig länger Mitglied, als sie es hätte tun müssen.

Menschen sind eben immer nur Menschen, das gilt auch für solche, die Großes geleistet haben. Auch große Menschen können in ihren Charaktereigenschaften und in ihrem Handeln ziemlich klein sein. Als der damals sehr berühmte Schriftsteller Emil Ludwig 1925 diese Erkenntnis in einer Biografie über den sieben Jahre zuvor abgedankten Kaiser Wilhelm II. betonte, fielen seine Kritiker aus dem Lager der Monarchisten und Wilhelm-Fans über ihn her – diese Erkenntnis war sehr schwer zu verdauen für sie und viele lehnten sie rundweg ab. Und das gilt grundsätzlich für Anhänger, die ihre Idole völlig unkritisch auf Podeste stellen, sich vom grellen Schein ihrer Lichtgestalten blenden lassen, ohne bereit zu sein, zu schauen, was sich dahinter verbirgt. Für ihre Anhängerinnen und Anhänger, die ja nicht selten ihre Lichtgestalten, Ikonen, Heldinnen und Helden unkritisch überhöhen, mag das eine bittere Erkenntnis sein und einen schwierigen Erkenntnisprozess auslösen. Ob das Gelesene die historischen Figuren in den Augen der Lesenden vom Sockel stößt oder lediglich ein paar Kratzer hinterlässt, muss jeder für sich selbst entscheiden. Aber eins macht dieses Buch ganz sicher klar: *Nobody is perfect.* Und vielleicht folgen die Leserinnen und Leser einer Erkenntnis, zu der ich in jahrzehntelanger Beschäftigung mit »großen« Männern und Frauen gelangt bin: Watch your idols. Man muss sie ja deshalb nicht gleich vom Sockel stoßen.

Berlin, 1. November 2022
Armin Fuhrer

Mutter Teresa

Engel der Barmherzigkeit, Ikone der Nächstenliebe

Sie wird »Engel der Barmherzigkeit« und »Ikone der Nächstenliebe« genannt, »Heilige der Gosse« und »inkarniertes Mitgefühl«. Keine Frage: Eine Frau, die mit solchen Begriffen gerühmt und geehrt wird, ist eine der bedeutendsten Frauen der Zeitgeschichte. Jahrzehntelang wirkte Mutter Teresa in Indien im Namen Jesu für die Armen, Schwachen, Kranken und Sterbenden. Dafür wurde sie von vielen geehrt, nicht zuletzt 1979 mit dem Friedensnobelpreis. Staatslenker empfingen sie, Prominente zeigten sich gerne mit der nur gut 1,50 Meter kleinen Frau, die doch zu den ganz Großen zählt, wenn man ihre vielen Anhänger weltweit fragt. Als sie am 5. September 1997, wenige Tage nach ihrem 87. Geburtstag, in Kalkutta starb, trug die katholische Welt Trauer. Und nicht nur sie.

Geboren wurde Mutter Teresa als Anjezë Gonxhe Bojaxhui in Üskub, dem heutigen albanischen Skopje, das damals zum Osmanischen Reich gehörte. Armut kannte sie in ihrer Jugend nicht, ihr Vater war ein wohlhabender Kaufmann. Erzogen wurde die Tochter, die noch zwei Geschwister hatte, streng katholisch. Als ihr Vater starb, war sie acht Jahre alt. Der Tod des Vaters als einschneidendes Erlebnis führte sie noch näher an den Glauben an Gott heran. Vier Jahre später entschied sie sich dafür, als Ordensfrau der Kirche zu dienen und mit 18 Jahren schloss sie sich den irischen Loretoschwestern an. Ihr Novizitat absolvierte sie im bengalischen Darjeeling, später legte sie in Kalkutta ihre Profess ab und arbeitete dort 17 Jahre an einer katholischen Schule. Sie nahm den Namen Teresa an, der auf die heilige Therese von Lisieux zurückgeht.

1946 entschied sie sich, zukünftig den Armen zu helfen, und führte diesen Entschluss später auf eine mystische Begegnung mit Jesus zurück, der sie mit den Worten »Mich dürstet« aufgefordert habe, ihm in diesem Wirken für die Armen zu dienen. Dieser Dienst an Jesus durch Hilfe für die Armen und Schwachen war fortan ihr Motto. Vier Jahre später gründete sie die Gemeinschaft der Missionarinnen der Nächstenliebe. Zuvor hatte Mutter Teresa die indische Staatsbürgerschaft angenommen. Aufgabe der Ordensgemeinschaft ist, Leprakranken zu helfen, ebenso an anderen Krankheiten leidenden Menschen, Obdachlosen und Waisen. In mehr als 100 Ländern wurden in den folgenden Jahrzehnten Einrichtungen des Ordens gegründet, in denen Menschen Hilfe finden können, wobei der Gedanke der Mission stets großgeschrieben wird.

Ende der Sechzigerjahre wurde ihr Engagement durch einen Beitrag in der BBC weltweit bekannt. Die Medien

Mutter Teresa 1910–1997

berichteten immer wieder sehr positiv über Mutter Teresa und der Vatikan, dem sie sehr nahestand, sorgte ebenfalls dafür, dass ihr Ruhm sich in der Welt verbreitete. Vor allem seit ihr 1979 der Friedensnobelpreis verliehen wurde, kannte die Verehrung für die »Heilige von Kalkutta« kaum noch Grenzen. Es folgten viele andere Auszeichnungen. Sehr erfolgreich sammelte Mutter Teresa und ihr Orden Spenden ein, denn zahllose Menschen weltweit fühlten sich aufgerufen, ihre Arbeit finanziell zu unterstützen. Sechs Jahre nach ihrem Tod sprach Papst Johannes Paul II. sie 2003 selig, 2016 folgte die Heiligsprechung durch Papst Franziskus. Vorausgegangen war die Anerkennung eines Wunders: Eine an Krebs erkrankte Frau in Indien soll durch das Auflegen eines Bildes auf ihren Bauch geheilt worden sein.

Heiligenschein mit dunklen Schatten

Mutter Teresa war es stets wichtig, mit den von ihrem Orden betreuten Menschen in direkten Kontakt zu kommen. Nicht immer verlief das Gespräch allerdings so, wie die Leiterin des Ordens der Schwestern der Missionare sich das wünschte. Als sie sich beispielsweise eines Tages in einem ihrer Heime einer schwerkranken Hindu-Frau, die an starken Schmerzen litt, hinunterbeugte und erklärte, diese Schmerzen seien ein Liebesbeweis Jesu, weil er die Kranke in ihrem Leid küsse, antwortete die schmerzgeplagte Frau: »Mutter, dann bitte Jesus, dass er aufhört, mich zu küssen!« Diese kleine Episode fasst alles zusammen, was die andere Seite von Mutter Teresa ausmachte, die nicht mit ihrer Selbstdarstellung oder der Beschreibung ihrer Hagiografen übereinstimmt. Denn ihr hervorragender Ruf als Entwicklungshelferin, selbstlose Nonne und Friedensnobelpreisträgerin sowie als Ikone der Nächstenliebe hat eine ganz dunkle Seite.

Die Erzählung von der Heiligen aus Kalkutta

Der Ursprung der Legende von der heiligen Mutter Teresa ist heute leicht nachzuweisen. Im Jahr 1968, als Teresas Werk in Kalkutta noch eines unter vielen vergleichbaren Hilfsmaßnahmen war, wurde der in seinem Heimatland bekannte britische Journalist Malcolm Muggeridge auf die damals 58-Jährige aufmerksam. Muggeridge hatte sich vom linken Satiriker zum Katholizismus, oder – wie seine Kritiker meinten – zu einem rechtsfundamentalistischen Moralisten bewegt. Und wie so oft in solchen Fällen war er nun als Konvertit ein 150-Prozentiger. So wollte er den Beatles-Film *Magical Mystery Tour* verbieten lassen, weil darin der Satz fiel: »Junge, du warst ein ungezogenes Mädchen, du lässt deine Hosen runter.« Böse Zungen behaupteten, der inzwischen 66-Jährige habe eigentlich immer eine liberale Einstellung zum Sex gehabt – bis er selbst zu alt dafür geworden sei. Einige Jahre später leistete er sich eine öffentliche Redeschlacht mit der Satiriker-Truppe Monty Python, die in ihrem Film *Das Leben des Brian* die Ursprünge der Jesus-Legende auf die Schippe genommen hatte.

Muggeridge besuchte gemeinsam mit dem Kameramann Ken Macmillan und einem Team der BBC Mutter Teresa in ihrem *Haus der Sterbenden* in Kalkutta und interviewte sie. Schnell stellte sich heraus, dass beide in ihren stramm konservativen Einstellungen übereinstimmten. Muggeridge sah in Teresa offenbar eine gute Waffe im Kampf gegen den schwindenden Einfluss der katholischen Kirche und den Verfall von Sitte und Moral. Eine kleine Nonne, die half, wo sie konnte, in Armut lebte, als »Heilige der Gosse« tituliert wurde, ein großes Netzwerk der Hilfe für Kranke aufgebaut hatte und Gottesglauben predigte – konnte es eine bessere Unterstützung in diesem Kampf geben?

Nun saßen Muggeridge und sein Kammermann Mutter Teresa in ihrem *Heim für Sterbende* gegenüber. Spärliches Licht fiel durch kleine Fenster in den Raum und Ken Macmillan war der Überzeugung, dass die Beleuchtungsverhältnisse für Kameraaufnahmen nicht ausreichten. Man beschloss schließlich trotzdem, es zu versuchen. Als die beiden Männer später in einem Londoner Studio die Aufnahmen begutachteten, waren sie völlig überrascht von der guten technischen Qualität. Mutter Teresa wurde von weichem Sonnenlicht bestrahlt, das durch die hoch liegenden Fenster fiel und sie beinahe wie mit einem Heiligenschein erscheinen ließ. Macmillan hatte erstmals für Aufnahmen einen neuen von der Firma *Kodak* entwickelten Film verwendet und wollte gerade dessen Qualität loben, als Muggeridge ihm ins Wort fiel: »Das ist göttliches Licht. Es ist Mutter Teresa. Sie werden feststellen, dass es göttliches Licht ist!« Einige Tage später bekam der Kameramann mehrere Anrufe von Journalisten: »Wir hören, dass Sie gerade mit Malcolm Muggeridge aus Indien zurückgekommen sind und Zeuge eines Wunders waren.« In diesem Augenblick war der Mythos um Mutter Teresa geboren. Anstatt diese Geschichte vom »göttlichen

Licht« skeptisch zu betrachten und vielleicht selbst nach Kalkutta zu fahren, um sich ein eigenes Bild zu machen, übernahmen die Kollegen einfach Muggeridges Behauptung. Das war billiger und bequemer und ein »Wunder« versprach stets gute Schlagzeilen. So verbreitete sich der Ruhm Mutter Teresas bald über den ganzen Erdball. Macmillan machte die Wahrheit um dieses »göttliche Licht« erst 1994 bekannt, als er in einem Interview von dem damals neuen Kodak-Film erzählte – aber da war es längst zu spät. Niemand wollte die Wahrheit wissen, Mutter Teresa war längst unantastbar. Sie hatte bereits den Nobelpreis bekommen, die höchste US-Auszeichnung und viele andere Preise und sie genoss weltweites Ansehen als der »Engel von Kalkutta«. Und natürlich tat der Vatikan alles, um das »göttliche Licht«, das seine Heldin anstrahlte, noch stärker scheinen zu lassen.

Doch 1968 war das anders. Natürlich hätte Mutter Teresa selbst die Wahrheit über die Erleuchtung von Kalkutta ans Licht der Öffentlichkeit bringen können – aber warum hätte sie das tun sollen? Die katholische Kirche ist mit Symbolen geradezu überladen und die kleine, sehr raffinierte Nonne in Indien war natürlich vertraut damit. Sie wusste, was »Wunder« bewirken konnten, zumindest bei denen, die daran glaubten. Also spielte sie das Spiel mit. Oder besser: Sie perfektionierte es über Jahrzehnte.

Alles für Jesus

Es wirkt wie eine Fügung Gottes, dass sich die Grundlage von Teresas Wirken und die Folgen, die sich daraus ergaben, harmonisch gegenseitig befruchteten. Diese Grundlage war das Leiden von Jesus am Kreuz. Ziel dieser leidenszentrierten Spiritualität war, »das unendliche Verlangen des gekreuzigten Christus nach Seelenliebe zu stillen«, wie ihre Hagiografin Kathryn Spink erklärt. Das Kreuz mit den Worten »I thirst« (»Ich habe Durst«), das sich überall in den Kapellen der Ordenseinrichtungen findet, stellt diesen Grundsatz allgegenwärtig da. Der Durst Jesu wird mit den Werken der Nächstenliebe gestillt und dadurch die eigene Seele entsühnt. Dass Jesus im Mittelpunkt ihres Handelns stand, hat Mutter Teresa selbst beschrieben: »Alles, was wir tun, tun wir für Jesus. Unser Leben hat keinen anderen Sinn und keinen anderen Beweggrund … Ich liebe ihn in den Armen und die Armen in ihm.«

Dass dieser Grundsatz für viele Menschen unverständlich sei, gab Mutter Teresa wohl zu. Das galt ganz sicher für die vielen, die in ihre Einrichtungen kamen in der Hoffnung auf Heilung, aber sich tatsächlich eher in der Hölle auf Erden wähnten. Denn die allermeisten nichtchristlichen und neutralen Besucher dieser Einrichtungen fanden sich nicht in einer Umgebung wieder, in der alles Mögliche getan wurde, um das Leid der Menschen zu lindern. Ganz im Gegenteil: Es finden sich zahlreiche Berichte, in denen über die schlimmen Zustände berichtet wird. Und das vielleicht Schlimmste ist, dass diese Zustände ganz bewusst und völlig ohne jede Not herbeigeführt wurden. Natürlich nur in guter Absicht, denn im Leiden, so fand Mutter Teresa, sei der Mensch Jesus so nahe wie sonst niemals. Und nur das zählte.

Hier liegt der Grund, warum Teresa niemals davon sprach, ihr Orden betreibe Sozialarbeit. Denn so konnte sie die in ihren letzten Lebensjahren aufkommende Kritik an den katastrophalen hygienischen und medizinischen Zuständen in ihren Heimen zurückweisen oder – wie meistens – einfach ignorieren. Nach Auffassung von Mutter Teresa war die Liebe, die ihre Schwestern im Namen Jesu den Leidenden gab, das Wichtigste, nicht die professionelle medizinische Hilfe. Mit schlimmen Folgen für die Betroffenen (allein in ihrem Sterbehaus *Nirmal Hriday* wurden im Laufe der Jahrzehnte nach offiziellen Angaben des Ordens Zehntausende eingeliefert). Teresa verbot ausdrücklich den Einsatz professioneller medizinischer Geräte ebenso wie in den meisten Fällen die Verwendung von Schmerz- und Betäubungsmitteln. Und wenn diese doch den oftmals unter starken Schmerzen leidenden Menschen verabreicht wurden, dann erfolgte dies oft unsachgemäß. Denn bei den Schwestern und bei den Freiwilligen, die in den Einrichtungen halfen, handelte und handelt es sich bis heute nicht um ausgebildetes medizinisches Personal. Das hat auch zur Folge, dass nicht einmal die grundlegenden Hygienevorschriften beachtet wurden und werden – Spritznadeln wurden nicht desinfiziert und so lange verwendet, bis sie stumpf waren. Manch einer der Freiwilligen, die sich Mutter Teresa für eine Weile anschlossen, um in ihren Einrichtungen zu arbeiten, äußerte sich anschließend entsetzt über die dortigen Zustände. Zum Beispiel der US-Amerikaner Hemley Gonzalez, ein Migrant aus Kuba, der selbst erlebt hatte, was Armut bedeutet. Er ging 2008 nach Kolkata (wie Kalkutta inzwischen hieß) und blieb zwei Monate. Danach sah der Immobilienmakler von seinem Plan ab, weiterzuziehen nach Kalighat, wo sich das berühmte Sterbehaus *Nirmal Hriday* befindet. »Ich war schockiert, als ich die Nachlässigkeit sah. Die Nadeln wurden in kaltem Wasser gewaschen und wiederverwendet und abgelaufene Medikamente wurden den Insassen gegeben. Es gab Menschen, die bei richtiger Pflege die Chance hatten, zu leben.« Hemley berichtete von einem Vorfall, bei dem ein ungeschulter Freiwilliger einen Gelähmten auf eine falsche Weise fütterte, bis er erstickte. In einem anderen Fall wurde einem Mann ein infizierter Zeh ohne jede Betäubung abgeschnitten. Wie Gonzalez sind viele Kritiker Teresas davon überzeugt, dass zahlreiche Menschenleben hätten gerettet werden können, wenn sie eine professionelle Hilfe bekommen hätten. »Wir sollten uns daran erinnern, dass Mutter Teresa klar war, dass Missionare der Nächstenliebe kein Krankenhaus betreiben«, sagte angesichts solcher Vorfälle, die keine Einzelfälle waren, Sunita Kumar. Sie ist die Ehefrau des bekannten früheren indischen Tennis-Trainers Naresh Kumar, der mehr als

40 Jahre lang mit den Schwestern der Missionare zusammenarbeitete.

Mutter Teresa war keine Freundin der Armen, sondern der Armut. Und weil ja Jesus in Armut lebte, mussten die Sterbenden neben ihrem eigenen Leiden sein Leid auch noch zusätzlich mit ihm teilen. Daher wurden für ihre Einrichtungen nur die billigsten und unbequemsten Matratzen angeschafft, Teppiche herausgerissen und Möbel zerschlagen, denn beides galt als unzulässiger Luxus. In einem ihr geschenkten Haus verbot Mutter Teresa den Einbau eines Fahrstuhls für die gehbehinderten Patienten und ebenso weigerte sie sich, professionell ausgestattete Küchen einzurichten, mit denen die Zufluchtsuchenden versorgt werden konnten. Schließlich habe ja auch Jesus die Armut gewählt, weil er wusste, dass sie das einzige Mittel sei, Gott in sich zu haben und seine Liebe auf die Erde zu bringen, lautete ihre Begründung. Deswegen reiche es auch völlig aus, nur minderwertige Dinge anzuschaffen.

Nur sie selbst wollte im Falle einer Krankheit Jesus in Armut und Leiden nicht so nahe sein, wie sie das für andere predigte. Als sie sich 1996 zunächst einen Schlüsselbeinbruch zuzog und ein halbes Jahr später einen Herzstillstand erlitt, ließ sie sich in mit modernster Medizin ausgestatteten Krankenhäusern pflegen. Auf den Kuss Jesu, den sie der kranken Hindu-Frau versprochen hatte, konnte sie selbst gut verzichten.

Gottes Vorsehung – oder irdisches Kalkül?

Ein Mangel an Geld war nicht der Grund für die Kultivierung von Armut und Bedürfnislosigkeit, denn Geld war und ist vorhanden, im Übermaß sogar. Dass ihre Hagiografen tatsächlich bis heute die von Mutter Teresa geschaffene Legende verbreiten, nach der der Orden ganz auf sich gestellt und ausschließlich auf Betteln und Spenden angewiesen sei, spricht für sich selbst. Stets behauptete Teresa, sie lehne jede Art von regelmäßiger finanzieller Unterstützung ab, denn dadurch würde ihr Orden zu einer festen Institution, und das sollte auf keinen Fall passieren. Tatsächlich wies sie einmal das Angebot der indischen Regierung zurück, eines der vom Orden betriebenen Kinderheime mit einer bestimmten Summe pro Kind regelmäßig zu fördern. Den Kindern hätte damit gut geholfen werden können, doch das Prinzip war ihr zuwider, denn sie hätte sich der Kontrolle durch die Behörden ausgesetzt. Mit der Realität hatte die Behauptung, nur von Spenden abhängig zu sein, ohnehin nichts zu tun, denn in Wahrheit wurde der Orden von Beginn an von der indischen Regierung mit Geld ausgestattet. Die Behauptung hatte aber eine erfreuliche irdische Folge, denn dadurch fühlten sich weltweit gutgläubige und wohlmeinende Menschen aufgerufen, zu geben.

Ihre Biografin Marianne Sammer, die um ein ausgewogenes Bild Mutter Teresas bemüht ist, schrieb, sie habe »in einem bemerkenswerten Verhältnis zur göttlichen Vorsehung in Finanzfragen« gestanden, und zwar von Anfang an. Ob göttliche Vorsehung oder irdisches Kalkül: Mutter Teresa und ihr Orden machten und machen keine Angaben über die Höhe der Spenden, die in den zwei Spendenzentralen in Kalkutta und Rom eingehen. So sind nur wenige Angaben von anderer Seite nachprüfbar, die nur erahnen lassen, in welchen astronomischen Summen sich die Mittel bewegen, über die der Orden verfügt. Als die Zeitschrift *Stern* 1998, ein Jahr nach Mutter Teresas Tod, recherchierte, gab eine Ordensschwester aus Deutschland an, dass sich hierzulande bis 1981 etwa drei Millionen D-Mark (1,5 Millionen Euro) pro Jahr angesammelt hätten. Falls diese Größenordnung stimmte, war sie verschwindend gering im Vergleich zu dem, was sonst beim Orden einging. Eine Schwester aus den USA erinnerte sich an 50 Millionen US-Dollar, die jährlich auf einem Konto in New York aufliefen. Die Hilfsorganisation *Missio* gibt an, zwischen 1989 und 2005 gut 1,8 Millionen Euro an Teresas Orden ausbezahlt zu haben – und ist damit nur einer der kleineren Spendengeber. Das Katholische Ärztliche Missionsamt (CMMB) in New York reichte in den Jahren 1970 bis 1976 sieben Millionen Dollar weiter. In England waren es 1991 rund 5,3 Millionen D-Mark (2,65 Millionen Euro). Insgesamt, so schätzte der *Stern*, seien Ende der Neunzigerjahre weltweit 100 Millionen US-Dollar auf die Konten des Ordens gespült worden – jährlich. Auch andere unabhängige Kritiker kommen auf ähnliche Schätzungen. Der Orden gilt damit als der reichste der Welt.

Gleichwohl sorgte das grelle göttliche Licht, das seit Ende der Sechzigerjahre auf Mutter Teresa fiel, dafür, dass das mysteriöse Finanzgebaren des Ordens nur sehr selten aus dem Dunkeln ans Licht der Öffentlichkeit geriet. 1981 aber fanden es selbst Wohlmeinende nicht ganz so gut, als Mutter Teresa eine großzügige Spende von Maurice Duvalier annahm. Duvalier war Politiker, aber nicht irgendeiner. Er hatte jahrelang als Diktator von Haiti Oppositionelle verfolgt und Menschenrechte unterdrückt. 1986 musste er nach Frankreich ins Exil gehen, nicht ohne 120 Millionen US-Dollar Staatsgelder mitgehen zu lassen. Ungern erwähnt wird auch die Spende in Höhe von 1,25 Millionen Dollar, die Teresa von Charles H. Keating erhielt. Der US-amerikanische Großinvestor hatte Partner und zahllose Kleinsparer betrogen, indem er ihnen wertlose Papiere verkauft hatte. Der Schaden wurde auf drei Milliarden Dollar beziffert. Doch Keating konnte sich auf seine Freundin Mutter Teresa verlassen. Als er vor Gericht stand, reiste sie eigens zum Prozesstermin in die USA, um für ihn auszusagen. Obwohl sie ihn als guten Christen bezeichnete, wurde Keating zu einer Gefängnisstrafe verurteilt. Der Bitte des Staatsanwaltes, die von Keating an sie gespendete Summe an die Kleinsparer, die ihre Altersvorsorge durch den Betrug verloren hatten, auszuzahlen, kam Mutter Teresa nicht nach.

Mutter Teresa, die zudem noch eine Reihe Gelder für an sie verliehene Preise einsammelte, hatte also unzweifelhaft riesige Summen auf den Konten ihres Ordens angehäuft. Wer nun aber wissen wollte, was eigentlich mit diesen Geldern passierte, wurde ebenfalls mit dem Schein der Nächstenliebe geblendet. Denn Auskünfte darüber verweigerte sie stets strikt. So ist nicht einmal bekannt, wie viele Heime und Einrichtungen ihr Orden hat und welche Leistungen die Schwestern der Missionarinnen der Nächstenliebe erbrachten und erbringen. Die Angaben variieren zwischen 445 Einrichtungen und 3500 Schwestern (Teresas Biograf Renzo Allegri 1992) und 680 Niederlassungen mit 4500 Schwestern (*Münchner Kirchenzeitung* 2002). Die Angaben, die der Orden selbst über seine Leistungen veröffentlichte, wirken so fantastisch wie unglaubwürdig und hielten in den wenigen möglichen Fällen einer Überprüfung nicht einmal ansatzweise stand.

So sollten 1990 laut einem Ordensbericht in 628 Ambulanzen fast 3,85 Millionen Patienten, in 85 Zentren 25 718 Kinder gegen Unterernährung und in 57 Tuberkulosezentren 28 720 Patienten betreut worden sein. In 102 Slumschulen wurden demnach 15 279 Schüler unterrichtet und in 428 Krankenhäusern 17 728 sozial schwache Familien betreut. Zahlen, die niemals verifiziert wurden. Mutter Teresa selbst gab an, dass im Jahr 1984 ihre Schwestern in Kalkutta täglich für 9000 Arme gekocht hätten. Das sind erstaunliche Leistungen, wenn man bedenkt, dass in den Einrichtungen des Ordens im Normalfall nur vier bis fünf Schwestern tätig sind. Die Recherche des Journalisten Aroup Chatterjee, einer der wenigen Rechercheure, die all die fantastischen Angaben vor Ort überprüften, ergab, dass es tatsächlich 500 gewesen seien, die die Wohltätigkeit von Teresas Orden empfangen hätten. Chatterjee fuhr auch nach Motijihl, um sich die berühmte Slumschule anzuschauen, die 1986 angeblich von 5000 Schülerinnen und Schülern besucht wurden – tatsächlich waren es 100.

Da stellt sich die Frage, was aus all dem Geld geworden ist, das Mutter Teresa und ihr Orden zwar eingesammelt, aber ganz offensichtlich nicht für die vorgesehenen Zwecke ausgegeben haben. Der Vatikan in Rom, zu dem Mutter Teresa engste Beziehungen pflegte, schätzt diesbezügliche kritische Nachfragen ebenso wenig wie der Orden. Aber etwas muss festgehalten werden: Wenn die Menschen, die sich in die Obhut des Ordens begaben, tatsächlich wie Jesus am Kreuz litten, so lag das gewiss nicht an einem Mangel an Geld. So kam auch eine Gruppe von Wissenschaftlern um Serge Larivée von der Universität Montreal und Carole Sénéchal von der Universität Ottawa nach einer eingehenden Recherche zu dem Ergebnis: »Angesichts der sparsamen Verwaltung von Mutter Teresas Werken kann man sich fragen, wohin die Millionen von Dollar für die Ärmsten der Armen gegangen sind.« Als viele Menschen in Indien von Überschwemmungen und 1984 von der Chemiekatastrophe von Bhopal heimgesucht wurden, öffnete die fromme Nonne aus Kalkutta vielleicht ihr Herz, nicht aber ihre Konten, um dringend nötige Hilfe zu leisten.

Mutterschaft und Jungfräulichkeit – und noch ein »Wunder«

Mutter Teresa nutzte ihr hohes moralisches Ansehen auch dazu, teils krude sozialethische Auffassungen zu vertreten. So sprach sie sich strikt gegen »unnatürliche« Verhütung aus – und das in einer Zeit, in der Indien längst an einer krassen Überbevölkerung litt und AIDS bereits viele Menschen langsam und quälend hinraffte. Selbstredend galt dieses Verdikt auch bei Vergewaltigung, Inzest und einer erwartbaren Behinderung des Kindes. Lag sie damit voll auf der Linie der Katholischen Kirche so galt das genauso für das Verhältnis von Mann und Frau. Teresa transferierte ihr eigenes Verhältnis zu Jesus auf die Beziehung zwischen dem Mann und seiner Ehefrau. So sah sie ihre Lebensaufgabe als »Braut Christi« darin, ihrem Christus demütig, keusch und in Armut zu dienen, um sich seiner Liebe als würdig zu erweisen. Und genauso sollte sich die Ehefrau ihrem Mann gegenüber verhalten, um sich seiner Liebe als würdig zu erweisen. Im Egoismus der modernen Frauen, die sich aus diesem Verhältnis lösen und ein selbstbestimmteres Leben führen wollten, sah sie den Grund für zahlreiche gescheiterte Ehen und viele verwahrloste Jugendliche. Ihre öffentlichen Reden zu diesem Thema fanden sich 1988 im apostolischen Schreiben *Mulieris dignatatem* von Papst Johannes II. wieder. Die »Verletzung der Gleichheit« von Mann und Frau wird darin als ein von Gott gegebenes »Geschenk und Recht« bezeichnet. Die Frau könne nicht männliche Eigenarten zu den ihren machen, die zwei Arten der weiblichen Berufung seien Mutterschaft und Jungfräulichkeit – so sah Mutter Teresa auch ihr eigenes Frausein verwirklicht.

Kritik an der Friedensnobelpreisträgerin wurde zu ihren Lebzeiten eher zaghaft laut und von ihren Hagiografen immer wieder niedergeschrieben. Und natürlich konnte sie immer wieder auf die Medienmaschinerie des Vatikans bauen, die nicht den Hauch eines Schattens auf den Glanz der kleinen Nonne aus Kalkutta fallen ließ. Schließlich, so sind sich die Kritiker einig, war und ist die kleine Nonne eines der besten Pferde im PR-Stall des Vatikans. Um auch nach ihrem Ableben von diesem Glanz profitieren zu können, kamen die Strategen des katholischen Oberhirten schon kurz nach ihrem Tod auf den Gedanken, Mutter Teresa selig zu sprechen. Allerdings gab es ein Problem, denn der Vatikan brauchte dafür unbedingt ein Wunder, denn ohne Wunder keine Seligsprechung. Doch welch ein Glück, dass sich just auf den Tag genau ein Jahr nach ihrem Tod ein solches Wunder ereignete!

Es geschah am 5. September 1998, als Monica Besra, eine bengalische Bäuerin und Mutter von vier Söhnen, von schlimmen Bauchschmerzen gepeinigt zu den Schwestern der Missionarinnen der Nächstenliebe kam und um Hilfe bat. Die Schmerzen, so gab sie an, rührten von einem Krebstumor. Die Schwestern wussten genau, was zu tun war. Sie legten ein Foto von Mutter Teresa und ein Medaillon auf den Bauch der Frau.

Und siehe da: Im selben Augenblick verschwanden die Schmerzen; und mehr noch: auch der Tumor löste sich auf. Ein Wunder war geschehen, Mutter Teresa hatte bewiesen, dass sie direkt bei Gott intervenieren, die Naturgesetze aufheben und Dinge bewirken kann, für die es keine wissenschaftliche Erklärung gibt. Selbst ein Jahr nach ihrem Tod.

Oder doch nicht? Tatsächlich stellte sich bald heraus, dass Monica Besra keineswegs an einem Krebstumor gelitten hatte, sondern »nur« an einem schmerzhaften nicht-krebsartigen Tumor an den Eierstöcken. Und sie war bereits im von der Regierung betriebenen Krankenhaus in Balurghat behandelt worden, und zwar mit modernster medizinischer Ausrüstung. Den behandelnden Ärzten war es gelungen, den Tumor mittels Ultraschallbehandlung aufzulösen; für sie war das weder ein Wunder noch eine Überraschung, denn sie hatten das Ergebnis vor dem Beginn der Behandlung exakt vorhergesagt. Nach einer weiteren Behandlung in einem anderen Krankenhaus konnte die Patientin im März 1999 als vollständig geheilt entlassen werden.

Als die Kunde vom angeblichen Wunder Mutter Teresas in die Welt hinausging, überreichten die Ärzte Schwester Betta von den Missionaren der Nächstenliebe die Krankenakten, die eindeutige Aussagen über die Behandlung machten. Durch ein dummes Missgeschick verlor Betta diese Unterlagen allerdings; später sollte sie behaupten, sie seien ihr niemals überreicht worden. Dafür stellten die Schwestern ein Konvolut aus sage und schreibe 34 000 Seiten zusammen, die das

Wunder beweisen sollten. In den Papieren fanden sich auch viele Aussagen von Ärzten anderer Krankenhäuser, die die wundersame Tat Mutter Teresas bestätigten. Allerdings kannte diese Ärzte in den Krankenhäusern niemand und auch Recherchen nach ihnen verliefen im Sande. Und trotz des beeindruckenden Umfangs der Unterlagen fanden sich keine Aussagen der Ärzte, die Monica Besra tatsächlich behandelt hatten. Die Episode deutet an, wie flexibel die Schwestern die Forderung »Du sollst nicht lügen« auslegten, wenn es um eine »gute« Sache ging. So stand einer Seligsprechung Mutter Teresas durch den Papst nichts mehr im Wege, hatte sie doch post mortem das verlangte Wunder vollbracht. Und das auch noch zum richtigen Zeitpunkt.

Monicas Ehemann Seiku hatte allerdings von Anfang an kein Geheimnis daraus gemacht, dass für ihn die Geschichte vom Wunder Humbug war. Und neun Jahre nach ihrer Heilung begann auch Monica Besra öffentlich daran zu zweifeln. Der Vatikan erklärte daraufhin, sie leide an einer schlimmen Krankheit, nämlich Amnesie. Er ließ seinen Schützling aber keineswegs im Stich, sondern unterstützte ihre arme Familie mit einer großzügigen Spende und bald schon besuchten Besras Söhne eine teure katholische Privatschule. Und siehe da: Monica Besra war erneut geheilt, diesmal von ihrer Amnesie, und erinnerte sich wieder an das Wunder, das Mutter Teresa bei ihr bewirkt hatte. Und selbst ihr Ehemann mochte nun nicht mehr daran zweifeln.

Doch die Seligsprechung war dem Vatikan nicht genug. In den Augen der Kirchenoberen in Rom war

Mutter Teresa nicht nur selig, sondern heilig. Was war folgerichtiger als eine Heiligsprechung? Auch ein neues Wunder war inzwischen passiert. 2008 war ein Mann, der an mehreren eigentlich unheilbaren Tumoren litt, gesund geworden, nachdem die Familie die lange verstorbene Mutter Teresa um Hilfe angerufen hatte. Dieses Wunder wurde sieben Jahre später als zweites Wunder der Mutter Teresa anerkannt. Am 4. September 2016 schritt Papst Franziskus zur Tat. Seitdem ist Mutter Teresa ganz offiziell eine Heilige der katholischen Kirche. Ein Schritt, der von ihren Anhängern und Hagiografen selbstredend bejubelt wurde. Für Kritiker wie den verstorbenen britischen Journalisten Christopher Hitchens, der sich intensiv mit Mutter Teresa beschäftigte, war sie dagegen eine »Fanatikerin, Fundamentalistin und Betrügerin«. Was in ihrem Leben und Handeln überwiegt, das Helle oder das Dunkle, muss am Ende jeder für sich selbst entscheiden. Aber ganz sicher trifft auf Mutter Teresa zu, was der italienische Volksmund gerne kundtut: »Tutti i santi hanno i ioro difetti« – »Alle Heiligen haben auch Fehler«.

Henry Ford

Autobaron und Begründer des Massenkonsums

Dass Henry Ford zu den wichtigsten und berühmtesten Industriellen des 20. Jahrhunderts zählt, verdankt er eigentlich der Erfindung eines anderen. Denn obgleich viele Menschen glauben, es sei Henry Ford gewesen, der die Fließband-Produktion erfunden habe, war es in Wahrheit ein Mann namens Ransom Eli Rods, ebenfalls ein US-Amerikaner. Er arbeitete als Erster schon 1902 mit dieser neuen und effektiven Produktionsmethode. Doch Henry Ford perfektionierte die Massenfertigung am Fließband gut zehn Jahre später in seinem Autowerk und gab damit dem Massenkonsum und der Konsumgesellschaft des 20. und 21. Jahrhunderts in den modernen Industriestaaten den entscheidenden Schub.

Bis Ford 1913 sein erstes Auto am Fließband produzieren ließ, war es jedoch ein weiter Weg. Geboren 1863 in einer kleinen Stadt bei Dearborn in der Nähe von Detroit als ältestes von sechs Kindern einer Farmer-

Familie, entdeckte er bereits als Kind und Jugendlicher sein handwerkliches und mechanisches Geschick. Obwohl er nur eine geringe Schulbildung genoss, baute er bereits im Alter von 15 Jahren seinen ersten Verbrennungsmotor. Nach einer Lehre als Maschinist und einem Job in einem Elektrik-Unternehmen wurde er 1891 als Ingenieur bei der Edison Illuminating Company angestellt. In seiner Freizeit tüftelte Ford an der Entwicklung eines mit einem Ottomotor angetriebenen Fahrzeugs. 1896 war es so weit: Er konnte sein »Quadricycle« präsentieren.

Aufgrund dieses Erfolges gründete er 1899 mit einer Reihe weiterer Investoren die Detroit Automobile Company. Nach der zwischenzeitlichen Insolvenz des Unternehmens trennte sich Henry Ford von der Firma. 1903 gründete er mit elf anderen Investoren die Ford Motor Company. Zu dieser Zeit nahm er mit von ihm entwickelten Automobilen erfolgreich an Rennen teil, die den Namen Ford in den USA bekannt machten. Sein Modell T, genannt auch Tin Lizzy, wurde schnell zum meistverkauften Auto in den USA. Es wurde so erfolgreich, dass 1918 jedes zweite Auto auf US-amerikanischen Straßen ein Modell T war. Bis 1927 wurden 15 Millionen Exemplare verkauft – ein Rekord, der bis in die Siebzigerjahre hielt. Auch das Nachfolgemodell A wurde ein Erfolg.

Ermöglicht wurde dieser Erfolg durch die Produktionsweise am Fließband. Denn sie machte erst die Produktion in hohen Stückzahlen möglich und durch sie konnte der Preis so niedrig gehalten werden, dass

Henry Ford 1863–1947

das Auto kein Luxus für die besseren Kreise blieb, sondern auch von vielen Menschen aus der Mittelschicht gekauft wurde. Furore machte Henry Ford auch dadurch, dass er im Januar 1914 in seinem Unternehmen den Achtstundentag einführte und den Mindestlohn von 2,34 Dollar auf fünf Dollar anhob, zeitweilig sogar auf sechs. Das lag weit über dem durchschnittlichen Lohn amerikanischer Arbeiter. Unternehmer und Gewerkschafter aus Europa pilgerten nach Detroit, um dieses Wunder zu bestaunen. Allerdings entsprach die hohe Entlohnung keineswegs einem besonderen sozialen Engagement Fords. Sie war die Folge seines geschäftstüchtigen Denkens, denn Ford ging davon aus, dass sich gut entlohnte Arbeiter sein Modell T kaufen würden. Das wiederum würde den Absatz und damit das Geschäft ankurbeln.

Am 1. Januar 1919 übergab Ford die Leitung seines Unternehmens an seinen Sohn Edsel, behielt aber faktisch die Führung in der Hand. Nachdem Edsel 1943 gestorben war, übernahm Henry im Alter von 79 Jahren nochmals offiziell die Leitung. Zwei Jahre später übergab er die Führung an seinen Enkel Henry II. Weitere zwei Jahre später, am 7. April 1947, starb der Autobaron im Alter von 83 Jahren.

Antisemit und Ikone Hitlers

Henry Ford war ein Unternehmer, wie die Amerikaner sie bewundern – einer, der sich selbst aus eigener Kraft etwas aufgebaut hat. In Europa stieß das auch »Fordismus« genannte System – also billige, für viele erschwingliche Massenware und besonders soziale Leistungen für die Mitarbeiter – auf viel Bewunderung. Die tief dunklen Seiten des Henry Ford wurden entweder geflissentlich übersehen oder ausdrücklich unterstützt. Doch es gab sie und sie liegen heute wie ein düsterer Schatten auf der Strahlkraft dieses Moguls. Denn Ford war ein glühender Antisemit und gilt als der Mann, der wie kein anderer in den USA für die Verbreitung des Judenhasses gesorgt hat. Und er war nicht nur ein

Wohltäter für seine Arbeiter, sondern im eigenen Unternehmen ein kontrollsüchtiger Gesinnungsdiktator. Nur wer seiner Lebensauffassung folgte, durfte bei ihm arbeiten und kam in den Genuss seiner sozialen Leistungen.

Ford lehnte grundsätzlich viele Erscheinungen der modernen Welt ab, wie sie sich seit dem 20. Jahrhundert immer stärker herausbildeten, also zum Beispiel die Urbanisierung und das Leben in großen Städten sowie die zunehmende Komplexität der Gesellschaften. Im Mittelpunkt seines Denkens stand die Arbeit, sie war im Leben des Henry Ford eigentlich alles, was zählte. Er legitimierte die von ihm gezahlten hohen Löhne mit einem Hohelied auf die Arbeit, aus dem das Pathos nur so tropft. So schrieb er beispielsweise: »Die Arbeit ist in unserem Dasein Grundbedingung für Gesundheit, Selbstachtung und Glück. Statt ein Fluch ist sie der größte Segen. Strenge soziale Gerechtigkeit entspringt nur aus ehrlicher Arbeit. Wer viel schafft, soll viel nach Hause tragen. Wohltätigkeit hat in der Lohnfrage keinen Raum. Denn es ist etwas Großes um unser Tagewerk – etwas ganz Großes! Die Arbeit ist der Eckstein, auf dem die Welt ruht, sie ist die Wurzel unserer Selbstachtung.« Die Sozialhistorikerin Christiane Eifert schrieb dazu: »Arbeit und deren sozialpolitische Erfassung werden als Fundamente der zu bildenden Gemeinschaft verstanden. Auffällig ist die vollständige Ignoranz gegenüber Kultur und Religion.«

Jeder Arbeiter, der in den Genuss von Fords hohen Löhnen kommen wollte, musste sich an solche Maximen halten. Mehr noch: Seine gesamte Familie musste ihr Leben vollständig danach ausrichten. Grundbedingung war, dass der Arbeiter verheiratet war, mit seiner Familie zusammenlebte, also nicht in Trennung, und sie gut versorgte. Der Arbeiter und sein Heim müssten einem gewissen Standard von Sauberkeit und Staatsbürgertum genügen, forderte er. Junge Männer unter 22 Jahren mussten ihre haushälterischen Gewohnheiten nachweisen, was nichts anderes bedeutete, als dass sie ein nach bürgerlichen Vorstellungen ordentliches Leben zu führen hatten. Um in seinem Werk arbeiten zu können, mussten Männer ab 22 und Frauen jeden Alters nachweisen können, dass sie die einzige Stütze der Familienangehörigen waren – das schloss Doppelverdiener in den Familien aus.

Vertrauen mochte Ford seinen Arbeitern und Arbeiterinnen aber nicht und so gründete er eine »Abteilung für soziale Fürsorge«, im Original Sociology Department, um die Einhaltung dieser Regeln, die tief ins Privatleben der Betroffenen eingriffen, streng zu überwachen. Soziologen besuchten die Arbeiter unangekündigt zu Hause und waren befugt, die Wohnungen zu kontrollieren. Wurde jemand dabei erwischt, die Vorschriften zu missachten, drohten ihm oder ihr Lohnentzug oder schlimmstenfalls die Entlassung. 1917 arbeitete nach Recherchen des Historikers Steven Meyer in der Soziologischen Abteilung ein Team von 52 Kontrolleuren, das 77 Distrikte in ganz Detroit und seinen Vorstädten untersuchte. In jedem dieser Distrikte wohnten durchschnittlich 523 Arbeiter, jeder

Kontrolleur beaufsichtigte durchschnittlich 727 Arbeiter und machte fünf bis sechs Kontrollbesuche täglich. Für jeden Arbeiter wurde genau Buch geführt und alle möglichen Informationsquellen wurden herangezogen – Kirche, Genossenschaften, die Regierung; kontrolliert wurde, ob es eine Familienbibel gab, und jeder Arbeiter musste angeben, ob er ein Haus kaufen wolle, ob er über ein Sparbuch verfüge oder Schulden habe. Der Kontrolleur verlangte die Kontonummer, den Namen der Bank und den Stand des Kontos. Hatte der Arbeiter Schulden, musste er die Höhe und den Grund angeben.

Fords Kritiker bezeichnen die Soziologische Abteilung heute faschistisch und allmächtig. Ihr wesentliches Bemühen habe darin bestanden, über Herz, Geist und Körper der Arbeiter zu bestimmen. Kritik gab es aber auch damals schon. Weil er sich wie ein Diktator aufführte, nannte die *New York Times* Ford 1928 den »Mussolini vom Highland Park« (Highland Park war der Sitz eines Fordwerkes). Neben der Fürsorgeabteilung existierte mit dem Service Department eine weitere Kontrollinstanz. Sie wurde geleitet von dem ehemaligen Boxer Harry Bennett, der beste Kontakte in Detroits Unterwelt pflegte. Diese Abteilung wurde zu einer regelrechten Privatarmee, die Arbeiter bespitzelte und brutal gegen Gewerkschafter vorging. Denn für Ford war jede politische Regung unter den Arbeitern und jede Gewerkschaft Ausdruck von Bolschewismus, die er unbedingt unterdrücken wollte. Nachdem Mitglieder des Service Department Mitte der Dreißigerjahre bei Demonstrationen friedliche Protestierende verprügelt hatten, nannten Kritiker die Truppe »Fords Gestapo«.

Ford und der »internationale Jude«

Zugleich war Henry Ford ein scharfer Kritiker der Banken und des Finanzkapitals. An dieser Stelle setzte er zu unheilvollen Gedankengängen an, denn die Banken waren für ihn allesamt jüdisch dominiert, wie übrigens auch die Presse und die Kultur in den USA. Der Historiker Albert Lee schrieb in seinem Buch *Henry Ford und die Juden*, der Autobaron habe ein populistisches Weltbild gehabt, in dem man die Grundlagen seines ökonomischen Antisemitismus finde: »Es war ein kindischer Ausgangspunkt, der alle Gelddinge mit dem Judentum verband ... In dem populistischen Modell war der Inbegriff des Amerikaners jemand, der mit seinen Händen arbeitete. Sein Gegenspieler war der Mann, der Ideen und Geld manipulierte – der Geldgeber, der von der Arbeit des ›wahren Amerikaners‹ lebte.«

Während des Ersten Weltkriegs entwickelte Henry Ford einen scharfen Antisemitismus, da er auch für den Ausbruch des Krieges »die Juden« verantwortlich machte. Er selbst war gegen den Eintritt der USA in den Krieg aufseiten der demokratischen Staaten und Russlands und unternahm 1916 sogar eine dilettantische Friedensmission, als er mit einem eigens gecharterten »Friedensschiff« nach Stockholm fuhr, wo er Vertreter der Kriegsparteien zu Gesprächen einlud. Das Vorhaben scheiterte, weil die meisten der Eingeladenen wie erwartet nicht an der Konferenz teilnahmen. Sein Pazifismus, gegründet auf einer stark isolationistischen Haltung, die besagte, dass sich die USA aus der internationalen Politik heraushalten sollten, hinderte ihn allerdings nicht daran, nach dem Eintritt seines Landes in den Krieg sehr gute Geschäft mit der Produktion von Kriegsmaterial zu machen. Nachdem ihn die *Chicago Tribune* einen »ignoranten Idealisten« genannt hatte, kaufte er sich 1920 mit dem *Dearborn Independan*t eine eigene Zeitung und stellte willige Handlanger als Herausgeber und Journalisten ein. Das kleine, völlig unbedeutende Wochenblatt sollte in den kommenden Jahren eine steile Auflagenkurve hinlegen – von 70 000 im Jahr 1920 auf 650 000 im Jahr 1924 und 900 000 weitere zwei Jahre später. Damit war es eines der meistgelesenen Blätter in den USA. Das lag unter anderem daran, dass Ford die Zeitung an seine Arbeiter kostenlos verteilen ließ, es in allen Ford-Verkaufsstellen auslag und auch in jedes verkaufte Auto als Beigabe gelegt wurde.

Der *Dearborn Independent* sollte für Henry Ford eine Aufgabe erledigen, und das tat er äußerst erfolgreich: Ziel des Eigentümers war, seinen zunehmenden Antisemitismus unter die Amerikaner zu bringen. Am 20. Mai 1920 erschien erstmals eine unter Fords Namen verbreitete Kolumne mit dem Titel »The international Jew: The World's Problem«. Auf die Idee gebracht hatte ihn vermutlich ein Mann namens Ernest Liebold, der zwischen 1911 und 1927 faktisch der zweite Mann im Ford-Konzern war. Liebold war ein fanatischer Antisemit, dessen Ziel die Ausrottung der Juden war. Er leitete unter anderem auch das Ford-Krankenhaus und verhinderte, dass dort jüdische Ärzte angestellt wurden. Der Historiker Neil Baldwin beschrieb ihn als die »Zündkerze« von Fords antijüdischer Serie. In den folgenden 91 Wochen erschienen weitere Kolumnen. Judenhass und -diskriminierung war in den USA kein unbekanntes Phänomen, seit viele Amerikaner befürchteten, dass durch die großen Einwanderungswellen seit den 1870er-Jahren, mit denen auch viele jüdische Menschen aus Europa ins Land kamen, die Juden die Kontrolle des Landes übernehmen würden. Sicher dachte die Mehrheit der Amerikaner nicht so oder interessierte sich zumindest nicht für dieses angebliche Problem. Aber es gab eine Minderheit, die diese Furcht teilte und eine antisemitische Grundeinstellung entwickelte und lebte. Das traf auf die großen Städte zu, wo sich jüdische Viertel entwickelten und junge Juden auf der Straße schon mal damit rechnen mussten, verprügelt zu werden, wie der Journalist Michael Brenson in seinem Buch *Gangsters vs. Nazis* beschreibt. Jahre bevor es Vergleichbares in Deutschland gab, fanden sich hier und da auch Schilder an Cafés mit Aufschriften wie »Für Juden und Hunde verboten«.

Es gab also einen fruchtbaren Boden für Fords Antisemitismus. Und auf viele Menschen wirkte gerade dieser so erfolgreiche Unternehmer besonders glaubwürdig. Konnte sich schließlich ein Mensch, der ein solches Unternehmen wie die Fordwerke aufgebaut hatte, überhaupt irren, wenn er gegen die Juden zu Felde zog? Viele Amerikaner verneinten diese Fragen und folgten Ford. Genau darin liegt seine große Bedeutung für die Verbreitung des Antisemitismus in den USA, und zwar damals wie heute. US-Historiker sind der Ansicht, niemand habe für die Verbreitung des Hasses auf Juden in den USA so viel getan wie Henry Ford. Nach dem Erscheinen der Artikel veröffentlichte Ford sie zudem in vier Büchern mit den Titeln *The International Jew: The World's Probem*, *Jewish Activities in the United States*, *Jewish Influences in American Life* sowie *Aspects of Jewish Power in the United States*. Tatsächlich schrieb der Unternehmer seine Artikel gar nicht selbst, sondern er ließ sie von dem Journalisten William J. Cameron schreiben. Aber sie gaben eindeutig seine Meinung wieder und wurden nach intensiven Gesprächen des willfährigen Autors mit seinem Chef verfasst. Cameron gründete später eine christliche, straff antisemitische Bewegung, welche die Behauptung vertrat, dass die angelsächsische Rasse in gerade Linie von den zehn verlorenen Stämmen Israels abstamme und das wahre Volk Gottes seien.

Noch ein weiterer Mann stand auf Fords Gehaltsliste: Boris Brasol. Dieser junge Russe, ein Anhänger des gestürzten Zaren, war Mitglied der »Schwarzen Hundert«, einer zaristischen und antisemitischen Gruppe, die in Russland während der Revolution von 1905 gegründet worden war und Überfälle und Pogrome gegen

Juden durchführte. Brasol war aber vor allem durch eine andere Tat in Fords Blick geraten: Er hatte nach Recherchen verschiedener Historiker die »Protokolle der Weisen von Zion« ins Englische übersetzt und den Automogul auf das Pamphlet hingewiesen. Und Ford war begeistert von der Lektüre.

Bei den »Protokollen der Weisen von Zion« handelte es sich um ein übles antisemitisches Machwerk, das auf die Antisemiten in vielen Ländern einen großen Einfluss ausübte. Bekannt wurde es erstmals 1903 in Russland, ohne allerdings sehr großes Aufsehen zu erregen. Das änderte sich nach dem Ersten Weltkrieg. Es gibt verschiedene Theorien über seinen oder seine Urheber, aber bis heute ist nicht geklärt, wer dieses Pamphlet verfasst hat. Es hat aber offensichtlich Ursprünge in Schriften aus den vorangegangenen Jahrzehnten aus Frankreich, Russland und Deutschland. Im Mittelpunkt steht die Behauptung, die Juden verfolgten Pläne, mit denen sie die Weltherrschaft übernehmen wollten. Um dieses Ziel zu erreichen, schürten sie Unruhe und Zwietracht innerhalb und zwischen den Völkern, auch mithilfe verschiedener politischer Systeme wie den Marxismus und den Liberalismus. Ebenso schürten die Juden Neid, Hass, soziale und wirtschaftliche Krisen, die Ausbreitung von Hunger und Seuchen. Die Protokolle waren eine skurrile Ansammlung von aberwitzigen Behauptungen, zu denen auch gehörte, dass das Judentum die Großstädte der Welt mit U-Bahn-Netzen untergrabe, um von hier aus die Städte in die Luft zu sprengen.

Obwohl die Londoner *Times* schon 1921 die »Protokolle der Weisen von Zion« als nicht authentisch entlarvte, benutzten sie Judenhasser in mehreren europäischen Ländern, um Propaganda gegen die Juden und ihre angeblichen Weltbeherrschungspläne zu machen. In Deutschland kamen Bücher mit Abdrucken der »Protokolle« auf riesige Verkaufszahlen.

Auf diesem unsäglichen Machwerk, einer der wirkmächtigsten Fälschungen der Geschichte überhaupt, baute Henry Ford seine Argumentation auf. In welche Richtung seine Kolumne ging, machte er gleich zu Beginn der ersten Ausgabe klar, denn darin war zu lesen: »Es gibt heute anscheinend in der Welt eine zentrale Finanzmacht, die ein riesiges und eng organisiertes Spiel mit der Welt um ihren Tisch und die universelle Kontrolle um ihre Einsätze treibt.« Jede Woche, fast zwei Jahre lang, wurden nun Juden als hinterhältig, intrigant und verräterisch dargestellt; als verschworene Gemeinschaft, die das globale Finanzsystem kontrollieren wolle. Die Juden, so ätzte Ford, wollten auch Hollywood, die Landwirtschaft und die Spirituosenindustrie unter ihre Kontrolle bringen. Alle kulturellen Modeerscheinungen wie kürzere Röcke bei den Frauen und Jazzmusik waren selbstredend von Juden erfunden. Auf Band zwei der vierteiligen Buchserie war ein klischeehaft gezeichneter Jude aus Osteuropa zu sehen – mit langem Bart und einer offenen Hand, in der Geldstücke liegen –, eine Darstellung, wie sie Jahre später auch im *Stürmer*, dem antisemitischen Hetzblatt Julius Streichers in Nazi-Deutschland, zu sehen war.

Anführer der amerikanischen Judenfeinde

Ford fand mit seinen hasserfüllten Thesen viele Anhänger, aber natürlich wurden auch sehr bald kritische Stimmen laut, die strikt ablehnten, was er von sich gab. Selbst manche der Ford-Händler weigerten sich, den *Independent Dearborn* in ihren Filialen auszulegen. Nach 91 Wochen stellte Ford seine Kampagne in seiner Wochenzeitschrift urplötzlich ein. Der Grund ist nicht ganz klar, aber wahrscheinlich fürchtete er Umsatzeinbußen, weil potenzielle Kunden sich für andere Automodelle entscheiden könnten, um keinen antisemitischen Konzern zu unterstützen. 1924 aber nahm er seine antijüdische Kampagne wieder auf, allerdings ohne seine Kolumne weiterzuführen. Das war auch gar nicht nötig, denn durch die Veröffentlichung der vier Bücher waren seine Ansichten inzwischen in breite Kreise der Bevölkerung eingesickert.

In diesem Jahr 1924 zog er gegen den jüdischen Anwalt Aaron Sapiro aus Kalifornien zu Felde. Sapiro unterstütze Farmer bei dem Versuch, Zwischenhändler aus dem Verkauf landwirtschaftlicher Produkte auszuschalten und so mehr Gewinn zu machen. Ein Jahr später, 1925, nahmen an diesem Programm rund 900 000 Landwirte teil. Doch Fords Zeitung machte daraus den Plan, »Millionen aus den Taschen der Männer, die den Boden bestellen, in die Hände der Juden und ihrer Anhänger« zu werfen. Das war eine vollkommene Verdrehung der Tatsachen – typische Fake News, auf denen die »Argumente« von Hetzern immer wieder beruhen. Sapiro war ein erfahrener und erfolgreicher Anwalt und so war ihm klar, dass er gute Chancen haben würde, wenn er Ford wegen Verleumdung verklagen würde. So forderte er eine Schadensersatzsumme in Höhe von einer Million Dollar – damals eine riesige Summe. Das war ein gefundenes Fressen für die Zeitungen. Das Gericht in Detroit ließ sich Zeit und so dauerte es zwei Jahre, bis die Gerichtsverhandlung begann. Doch just am Tag bevor der Angeklagte im Gerichtssaal erscheinen sollte, hatte er – ganz zufällig – einen Autounfall. Viele Beobachter mochten nicht an diesen Zufall glauben. Ford war nur sehr leicht verletzt und ließ sich im eigenen Hospital behandeln. Doch er fühlte sich angeblich nicht in der Lage, im Prozess aufzutreten. Seinen Anwälten, darunter mit James A. Reed ein US-Senator aus Missouri, gelang es unterdessen, den Prozess vorläufig zu stoppen. Vor der Neuansetzung wandten sie sich heimlich an Louis Marshall, einen prominenten jüdischen Anwalt und Gründer des American Jewish Committee. Ford wollte die Sache aus der Welt schaffen, denn er fürchtete massive Nachteile für seinen Konzern, dem es zu der Zeit nicht gut ging. Seine Anwälte baten Marshall daher, eine »Entschuldigung« Fords an die Juden zu formulieren, um diese dann zu veröffentlichen.

Marshall spielte mit und verfasste eine Erklärung, in der Ford kundtat, dass die »Protokolle der Weisen von Zion«, wie er inzwischen gehört habe, eine Fälschung seien. Auch sei er »zutiefst gekränkt«, dass »Juden im

Allgemeinen diese Veröffentlichungen nicht nur als Förderung des Antisemitismus ablehnen, sondern mich als ihren Feind betrachten.« Ford brachte seine Bewunderung für das jüdische Volk und sein »selbstloses Interesse am Gemeinwohl« zum Ausdruck. Weiter versicherte er: »Diejenigen, die mich kennen, können bezeugen, dass es nicht in meiner Natur liegt, jemandem Schaden und Schmerzen zuzufügen«; sein Bemühen sei, »mich von Vorurteilen zu befreien«. Sapiro stimmte nach der Veröffentlichung dieser Erklärung in der Presse der Beendigung des Prozesses zu, im Gegenzug übernahm Ford seine Anwaltskosten. Die Erklärung war eine Schmierenkomödie, denn natürlich bedauerte Henry Ford nichts und nahm später auch die Angriffe gegen die Juden wieder auf. Aber erstaunlicherweise nahmen einige jüdische Organisation in den USA die Erklärung geradezu enthusiastisch auf.

In Deutschland dagegen traf sie bei einer Partei und ihrem Führer auf große Enttäuschung. Für Adolf Hitler und seine NSDAP, die zu dieser Zeit noch eine unbedeutende Splitterpartei war, war Henry Ford geradezu ein Vorbild. Er war der einzige Amerikaner, den Hitler in seinem Buch »Mein Kampf« erwähnte. Der Historiker Thomas Weber, ein ausgewiesener Hitler-Experte, schreibt in seinem Buch *Wie Adolf Hitler zum Nazi wurde*: »Die Veröffentlichung von ›Der internationale Jude – ein Weltproblem‹ war für Hitler nicht aufgrund des Inhalts wichtig, denn Fords Ideen unterschieden sich nicht wesentlich von den Vorstellungen, die Hitler schon kannte. Sie waren deshalb von Bedeutung, weil Fords Buch die Bestätigung, noch dazu direkt aus Amerika, für eine Idee lieferte, die seit dem ersten Tag von Hitlers Politisierung und Radikalisierung in ihm schwelte ...: Angeblich bildete der jüdische Finanzkapitalismus den Kern aller Probleme, außerdem waren jüdische Finanzleute die Drahtzieher einer weltweiten Verschwörung, zu der unter anderem der jüdische Bolschewismus gehörte, mit dem Ziel, die Weltherrschaft zu erlangen. Und damit wurde Henry Ford zu einer antisemitischen Ikone für Hitler.«

Er hatte sogar in seinem Arbeitszimmer ein Foto von Ford hängen. Dass Ford augenscheinlich einen Rückzieher machte, war für Hitler ein Schock. Er strich ihn sogar 1930 aus der »Volksausgabe« von *Mein Kampf* heraus. Seine Enttäuschung hielt indes nicht lange an – 1931 sah ein amerikanischer Journalist, der Hitler interviewte, ein Porträt von Ford an der Wand hinter dem Schreibtisch in seinem Büro im »Braunen Haus«, der NSDAP-Geschäftsstelle in München, hängen. Hitler bezeichnete Ford als eine Inspirationsquelle, der Chef der Hitlerjugend, Baldur von Schirach, bekannte, die deutsche Übersetzung von Fords Buch unter dem Titel *Der internationale Jude* sei für ihn das ausschlaggebende antisemitische Buch gewesen. »Ich las und wurde Antisemit«, erinnerte er sich nach dem Krieg.

In Deutschland wurde das Buch in der deutschen Übersetzung ein großer Verkaufserfolg. Angeblich erschien das Werk, das die ersten drei Bücher Fords in einem Band zusammenfasste, Mitte der Zwanzigerjahre bereits in der 26. Auflage. Es passte hervorragend zur

Denkweise deutscher Antisemiten, deren Zahl seit Ende der Zwanzigerjahre rapide stieg. Ford hob Deutschland in seinem auf den Kolumnen basierenden Buch, in dem es eigentlich um die Juden in den USA ging, hervor. Darin hieß es: »Der Jude in Deutschland gilt nur als Gast des Volkes. Er hat es beleidigt, indem er versucht hat, sich in den Gastgeber zu verwandeln. Es gibt keine stärkeren Kontraste in der Welt als die rein germanischen und rein semitischen Rassen. Daher gibt es in Deutschland keine Harmonie zwischen den beiden.« In anderen Ländern dürfe sich »der Jude« leichter mit dem Volk vermischen, er könne seine Kontrolle unangefochtener anhäufen. In Deutschland aber sei der Fall anders und deshalb hasse der Jude das deutsche Volk. Und darum wiederum hassten die Länder, die am meisten von Juden dominiert würden, Deutschland so sehr. Weiter behauptete Ford, dass die Juden die einzigen Gewinner des Krieges, aber keine deutschen Patrioten gewesen seien. Das ist definitiv falsch – der prozentuale Anteil gefallener jüdischer Soldaten lag wissenschaftlich erwiesen höher als derjenige der nichtjüdischen. Und schließlich kam Ford zu dem Schluss: »Das Judentum ist die am engsten organisierte Macht der Welt, sogar mehr als das britische Empire. Es bildet einen Staat, dessen Bürger bedingungslos loyal sind, wo immer sie sind und ob reich oder arm.« Auf so einen Unfug musste man erst einmal kommen, aber bei den deutschen Antisemiten kam das gut an.

Entgegen einer weitverbreiteten Meinung haben Historiker keine Belege dafür gefunden, dass Ford

Hitler und die NSDAP finanziell unterstützt hat. Aber die geistige Nähe war eindeutig vorhanden. 1938, fünf Jahre nach der Machtergreifung Hitlers, bekam Ford die höchste Auszeichnung verliehen, die Deutschland an Ausländer zu vergeben hatte. Und im Zweiten Weltkrieg wurde er zu einem der wichtigsten Lieferanten von Militär-LKWs.

Henry Ford war aufgrund seines Status als erfolgreicher Unternehmer für viele Amerikaner eine glaubwürdige Quelle in Bezug auf die angebliche Rolle der Juden. Er nutzte seinen Reichtum und seine Bekanntheit, um seine antisemitischen Thesen unters Volk zu bringen, und hatte dabei großen Erfolg. Er wirkt bis heute in rechtsradikalen, antisemitischen und verschwörungstheoretischen Kreisen nach. Zu Recht kommt der amerikanische Historiker Steven Watts zu dem Fazit: »Es ist schwer, in der amerikanischen Geschichte einen eklatanteren Antisemiten zu finden.« Somit fällt viel Schatten auf diese amerikanische Lichtgestalt.

Ernesto »Che« Guevara

Vorkämpfer für Gerechtigkeit, Befreier der Völker

Er ist eine der Ikonen des 20. Jahrhunderts schlechthin. Sein Konterfei mit den wilden Haaren, dem wirren Bart und der Barettmütze soll das weltweit am meisten verbreitete Bild überhaupt sein und wurde zu einem Symbol für Widerstand und Protest – es findet sich auf T-Shirts und Hoodies, Tassen und Taschen, Kopftüchern und Baseballkappen, Jeans, Schlüsselanhängern und Toilettenpapier. Brauereien nutzten ihn ebenso als Werbeträger wie eine Jeansfirma und ein Seifenprodukt. Die Fußballidole Diego Maradona aus Argentinien und Thierry Henry aus Frankreich trugen und tragen sein Tattoo ebenso wie US-Filmstar Johnny Depp und das brasilianische Supermodel Gisele Bündchen. Nur wenige Figuren der Weltgeschichte leuchten ihren Anhängern so hell und bieten ihnen eine Projektionsfläche für eine Art religiöse Verehrung wie Ernesto Guevara, besser bekannt unter seinem Spitznamen »Che«.

Seine Anhänger in den westlichen Industriestaaten wie in Südamerika und in kommunistischen Ländern verehren Che als einen Vorkämpfer für die Befreiung der Menschen vom Kapitalismus, der einfachen Leute von der Herrschaft von vom Kapital gelenkten korrupten Regierungen. Als soziales Gewissen, was das Bewusstsein der Unterdrückten erweckte, als den Erschaffer eines »neuen Menschen«, der von den Zwängen der Geldgier befreit ist und nur seine einfachen Bedürfnisse befriedigen will. Und sie feiern ihn auch als den Befreier Kubas, das er gemeinsam mit Fidel Castro vom Joch eines US-hörigen Regimes erlöste, ehe er versuchte, die Revolution in andere Länder der Welt zu tragen. Sie verehren ihn als einen aufrechten, kämpferischen Kommunisten, der nur das Beste für die kleinen Leute wollte und dafür in den Kampf zog – und am Ende für sein großes Ziel sein Leben ließ.

Dieser Kampf war Che keineswegs in die Wiege gelegt. Denn der gebürtige Argentinier entstammte einer gutbürgerlichen Familie, die eine Mateplantage betrieb. Armut erlebte er als Kind und Jugendlicher selbst niemals am eigenen Leib. Früh wurde aber sein soziales Gewissen geweckt und so studierte er Medizin, um Arzt zu werden. Während des Studiums begab er sich häufig auf Reisen durch südamerikanische Länder und war erschreckt über die Armut, in der viele Menschen leben mussten. Er führte das in erster Linie darauf zurück, dass Politik und Wirtschaft der USA einen großen Einfluss in diesen Ländern ausübten und die einheimischen Regierungen von ihnen abhängig

Ernesto »Che« Guevara 1928–1967

waren und profitierten. Während dieser Reisen schrieb er umfangreiche Tagebücher, die seine Anhänger später als Beleg seines sozialen Gewissens werteten und die die Grundlage für romantisierende Filme wurden.

Kurz nachdem er 1953 sein Medizinstudium als Chirurg beendet hatte, begann seine Verehrung für den gerade verstorbenen sowjetischen Diktator Josef Stalin. 1955 lernte er einen Mann kennen, der fortan eine große Bedeutung für ihn haben sollte: Fidel Castro. Der Kommunist hatte sich vergeblich gegen den US-freundlichen Diktator Batista in seiner Heimat Kuba aufgelehnt, plante aber einen neuen Anlauf. Che schloss sich seiner

Gruppe von Rebellen an, beseelt von dem Gedanken, auf Kuba ein kommunistisches System nach sowjetischem Vorbild zu errichten. Es gelang den Rebellen nach mehr als zwei Jahren Guerilla-Kampf, das schwache und unbeliebte Batista-Regime zu stürzen. Che, der von Castro zum Commandante erhoben wurde, galt als einer der Väter des militärischen Erfolges. Die Guerilla-Taktik, also mit kleinen Militäreinheiten durch ständige Stiche einen überlegenen Gegner zu besiegen, machten sich viele seiner Anhänger in anderen Ländern zu eigen, so zum Beispiel im Vietnam-Krieg. Auch auf terroristische Gruppen wie die RAF in Deutschland wirkte sie vorbildlich.

In der Regierung von Castro wurde Che Leiter der Nationalbank und Industrieminister. Weil er wenig erfolgreich und sich zunehmend mit Castro uneinig war, schmiss er seine Jobs schließlich hin und versuchte, zunächst im Kongo, dann in Bolivien, mithilfe der Guerilla-Taktik die dortigen Regierungen zu stürzen. Das misslang und am 9. Oktober 1967 wurde er von Soldaten des bolivianischen Militärs gestellt und ermordet. Die Bilder von der aufgebahrten Leiche erinnerten viele Anhänger an das Bild des toten Christus'. Gerade durch den Tod wurde er zum Helden, zum Mythos, zur Ikone. Der französische Schriftsteller Jean-Paul Sartre bezeichnete ihn kurz nach der Ermordung als den »vollkommensten Menschen«. Die Lichtgestalt Che leuchtet bis heute in vielen Teilen der Welt, gerade auch unter Jugendlichen in Europa und den USA. Das US-Magazin *Time* kürte ihn 1999 zu einer der 100 einflussreichsten Personen des 20. Jahrhundert.

Terrorist und Mörder

Keine Frage also: Che Guevara ist ein echter Mythos. Aber vermutlich kennen viele seiner Anhänger, viele der Jugendlichen, die mit seinem Konterfei auf der Brust herumlaufen oder ein Feuerzeug mit seinem aufgedruckten Bild benutzen, um sich ihren Joint anzuzünden, überhaupt nicht, wie seine tatsächliche Geschichte aussieht, die dunkel ist, sehr dunkel. Ches Mythos, seine Heldengeschichte, hat sich so weit von der Realität entfernt wie wohl bei keiner anderen Lichtgestalt. Tatsächlich aber wollte und tat er in vielem exakt das Gegenteil von dem, was seine vielen Anhänger mit ihm verbinden. Sein Mythos feuere Menschen an, »deren Anliegen größtenteils das genaue Gegenteil dessen darstellen, was Guevara war«, schreibt völlig zu Recht der peruanische Schriftsteller Álvaro Vargas Llosa. In Wahrheit sei Che kein Befreier gewesen, sondern ein Brandstifter, eine »kaltblütige Tötungsmaschine«. Und er war ein Mann, der buchstäblich den Untergang der Menschheit in Kauf nahm, weil er einen Atomkrieg mit den USA forderte.

»Ich lechze nach Blut«

Immerhin: Die Erzählung, er sei als junger Mann entsetzt gewesen über die sozialen Ungerechtigkeiten, die er beobachtete, stimmt. Aber das trifft auf viele junge

Menschen zu. Doch Che hatte den Willen, seine Ziele mit Gewalt durchzusetzen, von Anfang an in sich. Nachdem der Argentinier 1956 mit einer Gruppe Rebellen bei der Vorbereitung für einen bewaffneten Angriff auf das kubanische Batista-Regime enttarnt und kurze Zeit verhaftet worden war, schrieb er an einen Freund: »Ich bin wohlauf und lechze nach Blut. Ganz wie ein richtiger Soldat.« Schon zu dieser Zeit propagierte Che ein Gefühl, das für ihn stets eine sehr wichtige Bedeutung haben sollte und das er in die Tat umsetzte: Hass. Schon in seinen Tagebüchern aus den jungen Jahren berichtete er: »Ich spüre, wie sich meine Nasenlöcher weiten, wenn ich den beißenden Geruch von Schießpulver und Blut des Feindes genieße.« Seiner Mutter schrieb er: »Es hat alles viel Spaß gemacht, mit den Bomben, Reden und anderen Ablenkungen die Monotonie zu brechen, in der ich lebe.« Zehn Jahre später, nachdem er persönlich Menschen ermordet und den hundertfachen Befehl zum Töten wehrloser Gefangener gegeben hatte, beschrieb er die Bedeutung des Hasses in seiner Schrift »Message to the Tricontinental« so: »Hass als Element des Kampfes; unbeugsamer Hass auf den Feind, der einen Menschen über seine natürlichen Grenzen hinaustreibt und ihn zu einer effektiven, gewalttätigen, selektiven und kaltblütigen Tötungsmaschine macht«. Der Begriff, den Álvaro Vargas Llosa für ihn benutzte, stammt also von Che Guevara selbst.

Ein anderer seiner Sprüche lautete: »Revolution ohne Schuss? Du bist verrückt.« An diese Maxime hielt sich Che selbst geradezu vorbildlich. Nachdem er 1957 heimlich auf Kuba angekommen war, um die Revolution voranzutreiben, schrieb er an seine Frau, er sei jetzt im kubanischen Dschungel – »lebendig und blutrünstig«. Dass ihn der Tod seiner Feinde belebte, sollte sich nun sehr bald zeigen. Im Januar 1957 erschoss er eigenhändig einen Mitstreiter mit Namen Eutimio Guerra, der zugegeben hatte, gegen Geld die Position der Rebellen an die kubanische Armee verraten zu haben. In seinem Tagebuch hielt er fest: »Ich beendete das Problem mit einer Pistole vom Kaliber 32 in der rechten Seite seines Gehirns ... Sein Hab und Gut gehört jetzt mir.« Kurz darauf erschoss er einen kubanischen Bauern, der sich dem Kampf der Rebellen nicht anschließen wollte. Den Bruder eines Mitkämpfers erschoss er aus unbekanntem Grund.

Während der Kämpfe gegen das Batista-Regime ermordeten die Rebellen zahlreiche Gefangene. Diese Hinrichtungen wurden dem späteren Innenminister Fidel Castros, Ramiro Valdés, zugeschrieben. Aber Jahrzehnte später sagte ein ehemaliger Kommandant der Revolutionsarmee namens Jaime Costa Vázques aus, dass für diese Hinrichtungen in Wahrheit Che verantwortlich gewesen sei, weil Valdés unter seinem Befehl gestanden habe. Doch das war nur das Vorspiel zu dem, was passierte, nachdem Castros und Ches Rebellen das alte System zum Zusammenbruch gebracht hatten. Denn Castro machte ihn zum Chef des Gefängnisses von La Cabana – und jetzt entwickelte sich Che zu der kaltblütigen Tötungsmaschine, von der er selbst Jahre später sprechen sollte. Der Rechtsanwalt José Vilasuso, der damals selbst dem Gremium angehörte, das die für die Gerichtsverfahren, die jedem rechtsstaatlichen Grundsatz Hohn sprachen, verantwortlich war, berichtete später, dass Che persönlich für die Urteile die Verantwortung trug: »Der Prozess folgte den Gesetzen der Sierra: Es gab ein Militärgericht und Ches Richtlinie für uns war, dass wir mit Überzeugung handeln sollten, was bedeutet, dass sie alle Mörder waren und es der revolutionäre Weg war, unerbittlich vorzugehen … Meine Aufgabe war es, die Akten zu legalisieren, bevor sie an das Ministerium weitergeleitet wurden. Die Hinrichtungen fanden von Montag bis Freitag mitten in der Nacht statt, kurz nachdem das Urteil gesprochen und automatisch von der Berufungsinstanz bestätigt worden war. In der grausamsten Nacht, an die ich mich erinnere, wurden sieben Männer hingerichtet.«

Der baskische Priester Javier Arzuaga, der ebenfalls bei den Hinrichtungen im Gefängnis La Cabana anwesend war, berichtete, dass in einem Raum für 300 Menschen 800 untergebracht wurden, zumeist ehemalige Angehörige der Batista-Armee, Polizisten, Journalisten und Geschäftsleute. Das Gericht habe ausschließlich aus Milizionären bestanden, geleitet wurde es von Che. Arzuaga: »Er hat nie ein Urteil aufgehoben … Ich habe Che viele Male im Namen der Gefangenen angefleht. Ich erinnere mich besonders an den Fall von Ariel Lima, einem kleinen Jungen. Che rührte sich nicht.« Der kleine Junge wurde erschossen. Arzuaga war so traumatisiert, dass er nach einiger Zeit nach Mexiko ging, um sich in eine psychiatrische Behandlung zu begeben.

Wie viele Menschen in La Cabana unter Ches Leitung umgebracht wurden, ist umstritten. Zwei Historiker, die unabhängig voneinander recherchierten, kamen auf eine Zahl zwischen 180 und 200. Rechtsanwalt Vilasuso schätzt, dass die Zahl der Hingerichteten zwischen Januar und Juli 1959, als Che das Gefängnis leitete, bei etwa 400 lag. Damalige Berichte der US-Botschaft in Kubas Hauptstadt Havanna sprechen von rund 500. Che selbst soll nach Angaben des CIA-Agenten Félix Rodriguez, der Jagd auf den Rebellen machte, nach seiner Gefangennahme mit der Zahl von »ungefähr 2000« konfrontiert worden sein und dieser Darstellung nicht widersprochen haben. Als der berühmte Musiker Carlos Santana bei einer Oscar-Verleihung in einem Che-Outfit aufkreuzte, beklagte sich der Jazzmusiker Paquito D'Rivera: »Einer dieser Kubaner {in La Cabana} war mein Cousin Bebo, der dort eingesperrt wurde, weil er Christ war. Er erzählte mir mit unendlicher Bitterkeit, wie er in den frühen Morgenstunden aus seiner Zelle die Hinrichtungen ohne Prozess oder Gerichtsverfahren von vielen hören konnte, die starben und dabei riefen: ›Lang lebe Christus, der König‹.« Es wirkt wie der absolute Hohn, dass Ches Tochter Aleida Guevara anlässlich des 50. Todestages ihres Vaters 2017 allen Ernstes in einem Interview behauptete, dessen wichtigste Eigenschaft sei »ohne Zweifel seine Fähigkeit, zu lieben« gewesen. Álvaro Vargas Llosa kam zu einer ganz anderen Einschätzung: »In jeder Phase seines Erwachsenlebens manifestierte sich sein Größenwahn in dem räuberischen Drang, Leben und Eigentum anderer Menschen zu übernehmen und ihren freien Willen abzuschaffen.«

Tatsächlich wollte Che gerade auch diesen freien Willen anderer nicht akzeptieren. Im Gegenteil, er wollte einen »neuen Menschen« erschaffen, der bar jeder materiellen Wünsche in allgemeiner Gleichheit existieren sollte. Das Individuum sollte abgeschafft, persönliches Eigentum sollte der Vergangenheit angehören, die Bevölkerung sollte zu einer gleichförmigen Masse geformt werden. Die Beziehungen zwischen Männern und Frauen sollten streng geregelt werden, ebenso der Verzehr von Alkohol. Für Che selbst galt dieser von oben verordnete marxistische Puritanismus nicht unbedingt: Nachdem die Revolution auf Kuba siegreich war, übernahm er die Villa eines reichen Emigranten. Die Revolution war für ihn die Lizenz zur Umverteilung. Dass Menschen aufgrund der Revolution in Kuba flohen, begrüßte er, denn in einem Gespräch mit Ägyptens Präsidenten Gamal Abdel Nasser meinte er, die Tiefe des Wandels könne man an der Zahl der Menschen messen, »die das Gefühl haben, dass in der neuen Gesellschaft kein Platz mehr für sie ist«.

Weil ihm klar war, dass nicht sofort alle Kubaner die revolutionären Veränderungen freiwillig mitmachen würden, arbeitete er führend an der Herausbildung eines strengen, unnachgiebigen und brutalen Sicherheitsapparates mit. Er war geradezu besessen von kollektivistischer Kontrolle. Che war an führender Stelle am Aufbau eines kubanischen Polizeistaates nach sowjetischem Vorbild beteiligt. Wer nur in den Hauch eines Verdachts geriet, »konterrevolutionär« zu sein, wurde ins Gefängnis geworfen oder ermordet. Denn, so sagte es Che Guevara dem sowjetischen Botschafter Sergej Kudriatsev, Konterrevolutionäre sollten »nie wieder den Kopf heben«. Nachdem Exilkubaner im April 1961 mit Unterstützung der USA in der Schweinebucht gelandet waren, um Castro und sein Gefolge wieder zu vertreiben, die Invasion aber fehlgeschlagen war, bot sich für Che und Castro die perfekte Begründung zur Verhaftung Zehntausender Kubaner und für eine neue Serie gnadenloser Hinrichtungen. Für den Aufbau des Kommunismus wurden Zwangsarbeitslager eingerichtet, in denen Gefangene unter schlimmen Bedingungen schuften mussten. Für Che waren die Inhaftierten »Menschen, die Verbrechen gegen die revolutionäre Moral begangen haben«. Das erste Lager wurde zum Grundstein für ein System, in dem ab 1965 systematisch Dissidenten eingesperrt und zur Zwangsarbeit verpflichtet wurden. In den folgenden Jahren traf dieses Schicksal aber auch ganz andere Bevölkerungsgruppen: Homosexuelle, AIDS-Kranke, Katholiken, Zeugen Jehovas, afrokubanische Priester. Es handelte sich um Konzentrationslager, aus denen viele Häftlinge nicht wiederkehrten. Andere wurde verstümmelt und traumatisiert, wie der Dokumentarfilm »Improper Conduct« von Néstor Almendros zeigt. Den Grundstein dafür hatte Che Guevara gelegt.

Bereit für den Atomkrieg

Che entwickelte sich zu einem großen Anhänger des sowjetischen Kommunismus, der ebenfalls auf der gnadenlosen Unterdrückung der Menschen basierte. Am meisten beeindruckte ihn allerdings Nordkorea, das sich unter der Knute seines Machthabers Kim Il Sung zu einem brutalen und abgeschotteten kommunistischen Unterdrückungsstaat entwickelt hatte. Wer wissen möchte, welches politisches System und welche Gesellschaftsform sich Che für Kuba und bald den Rest der Welt wünschte, der muss sich die Situation in diesem Land anschauen.

Für Castro führte er auch Verhandlungen mit der Sowjetunion über eine enge Anbindung der beiden Länder. Im August 1962 besiegelte Che mit dem sowjetischen Ministerpräsidenten Nikita Chruschtschow die heimliche Stationierung von sowjetischen Atomraketen sowie 42 000 sowjetischer Soldaten auf Kuba. Dieses Abkommen sollte Kuba zu einem nuklearen Brückenkopf der Sowjetunion direkt vor den Türen der USA machen, denn Moskau wollte auf Kuba Atomraketen stationieren, um Washington unter Druck zu setzen. Die Situation schien günstig, denn in den USA regierte mit John F. Kennedy ein junger, erst kürzlich gewählter und unerfahrener Präsident. Dass er nichts gegen die Stationierung der Atomraketen tun würde, war für Che und die Regierung in Moskau eine ausgemachte Sache. Doch sie täuschten sich. Die Amerikaner kamen der Sache auf die Schliche und schickten sich an, die Stationierung mit Gewalt zu verhindern. Im Oktober steuerte die Welt auf einen Atomkrieg zu, diese Tage gingen als »Kubakrise« in die Geschichte ein und sind vielleicht die gefährlichsten Tage, welche die Menschheit jemals erlebt hat. Schließlich gab Moskau klein bei, als es einsehen musste, dass Kennedy an seiner harten Linie festhielt. Es zog seine Raketen und Soldaten wieder zurück.

Für Che war dieser Rückzug eine große Enttäuschung. Er warf der sowjetischen Regierung vor, zu weich zu sein. Laut seinem Biografen Philipe Gavis prahlte er damit, dass Kuba »bereit ist, in einem Atomkrieg von unvorstellbarer Zerstörungskraft alles zu riskieren, um ein Prinzip zu verteidigen«. Unmittelbar nach dem Ende der Kubakrise sagte er einer kommunistischen Tageszeitung aus England: »Wenn die Raketen geblieben wäre, hätten wir sie alle eingesetzt und sie zu unserer Verteidigung gegen die Aggression, gegen das Herz der Vereinigten Staaten einschließlich New York gerichtet.« Das bedeutet: Che Guevara war bereit, Atomraketen gegen die USA einzusetzen in dem Wissen, dass dieser Einsatz Millionen Menschenleben gekostet hätte. Und da ihm natürlich klar war, dass die USA binnen Minuten zu einem Gegenschlag ansetzen würden, war er bereit, auch die Vernichtung seines eigenen Landes und den Tod vieler Kubaner in Kauf zu nehmen. Alles für das Prinzip des Kommunismus. Ein Held, der nur Gutes will und tut, sieht sicher anders aus.

In den folgenden Jahren kühlte sich Ches Zuneigung zur Sowjetunion ab. Der Regierung in Moskau warf er vor, ideologisch und diplomatisch zu weich zu sein. Mehr und mehr wandte er sich jetzt dem kommunistischen China zu, das ebenfalls Konflikte mit der Sowjetunion austrug. Hier schien er jetzt die harte, unbarmherzige orthodoxe Linie zu finden, die er selbst für Kuba auch anstrebte. Castro gab ihm die Chance, sie in Kuba eins zu eins umzusetzen. Er ernannte seinen Kampfgefährten zum Leiter der Nationalbank und der Industrieabteilung des Nationalen Instituts für die Agrarreform und schließlich Anfang 1961 zum Industrieminister. Die von ihm angeordneten Maßnahmen stürzten das Land schnell in Leid und Elend. Eine Bodenreform nahm den bisherigen Besitzern ihr Land weg, legte es aber in die Hände der staatlichen Bürokraten, anstatt es an die bisher Besitzlosen zu verteilen. Mit Gewalt wollte Che Kuba von seiner wichtigsten Einnahmequelle, dem Anbau von Zuckerrüben, lösen und eine Industrialisierung des Landes durchführen. Er reduzierte die Anbaufläche und ließ neue Produkte herstellen. In der Folge reduzierte sich die Ernte um 50 Prozent. Ausgeglichen werden konnte dieser Verlust nicht, denn Kuba verfügte über keine anderen Rohstoffe, mit denen das Land eine Schwerindustrie, wie sie Che vor Augen schwebte, hätte aufbauen können. Che selbst hatte von Wirtschaft und Finanzen keinen blassen Schimmer, wie sein Stellvertreter Ernesto Betancourt erklärte: »Er kannte die elementarsten wirtschaftlichen Prinzipien nicht.« Wie er an seinen

Posten gekommen war, berichtete Osvaldo Dorticós, von 1959 bis 1976 kubanischer Präsident. Bei einem nächtlichen Treffen der kubanischen Führung Ende 1959 habe Fidel Castro in die Runde gefragt, wer denn ein guter Ökonom sei, denn er suchte einen Chef für die Nationalbank. Im Halbschlaf habe Che die Hand gehoben. Castro zeigte sich überrascht über die Meldung und sagte: »Che, ich wusste nicht, dass du ein guter Ökonom bist«, woraufhin dieser antwortete: »Oh, ich dachte, Du wolltest einen guten Kommunisten.« Die Historikerin Helen Yaffe kam zu dem Eindruck, dass seine Ernennung zum wichtigsten Wirtschaftspolitiker des Regimes ein Zufall gewesen sei.

Selbst die wenigen industriellen Produkte, die in Kuba jetzt hergestellt wurden, konnten mit der ausländischen Konkurrenz nicht mithalten, wie Che selbst 1961 vor Arbeitern zugeben musste, als er sagte: »Unsere technischen Kameraden in den Firmen haben eine Zahnpasta hergestellt, die so gut ist wie die vorherige; sie reinigt genauso, aber nach einer Weile wird sie zu Stein.« Nicht einmal der große Bruder in Moskau wollte kubanische Produkte kaufen und so musste die Regierung in Havanna schließlich 1963 zurückkehren zum Zuckerrübenanbau, um Zucker gegen sowjetisches Öl tauschen zu können. Che selbst war völlig verblendet. Trotz des von ihm an führender Stelle mitverschuldeten Verfalls des Landes verkündete er 1961 auf einer Konferenz in Uruguay, dass Kubas Wirtschaft jährlich um zehn Prozent wachsen und bis 1980 das Pro-Kopf-Einkommen der USA überholt haben würde.

Das war dermaßen fernab der Realität, dass sich eine inhaltliche Auseinandersetzung überhaupt nicht lohnte. Während Che damit in den Augen eines jeden Wirtschaftsexperten zur Lachnummer verkam, mussten Millionen Kubanerinnen und Kubaner unter seiner orthodoxen Politik und seinen fehlenden Wirtschaftskenntnissen leiden.

Weil die Industrialisierung gescheitert und die Zuckerproduktion fast zusammengebrochen war, verfiel Kubas Wirtschaft rasant; das Land wurde binnen weniger Jahre von einem der reichsten Staaten Süd- und Mittelamerikas zu einem Armenhaus. Lebensmittel mussten rationiert werden, viele Produkte gab es nicht mehr zu kaufen. Von dieser Politik hat sich Kuba bis heute nicht erholt und 1997 lebten die Kubaner von fünf Pfund Reis, einem Pfund Bohnen und vier Eiern – pro Monat. Ein Stück Fleisch gab es zweimal pro Jahr. So sah sie aus, die »Erfolgsbilanz« Che Guevaras. In den 30 Jahren nach Ches Amtszeit half die Sowjetunion mit einer Gesamtsumme zwischen 65 und 100 Milliarden Dollar aus, ohne die die kubanische Wirtschaft völlig zusammengebrochen wäre. Dann war die Sowjetunion selbst am Ende.

Auch wenn Che das Ideal des Kommunismus hochhielt, so bedeutete das nicht, dass die Arbeiter in seinem Staat wirklich etwas zu sagen haben sollten. Sie waren bis auf wenige Ausnahmen an der Revolution nicht beteiligt, es gab keine Sowjets und keine Arbeiterpartei. Und Entscheidungen, welche die Arbeiter und die Wirtschaft betrafen, wurden nicht von ihren Vertretern getroffen, sondern von oben, von der Regierung, nach unten durchdirigiert. Unabhängige Gewerkschaften wurden in Castros und Ches Kuba unterdrückt.

Versager auf der ganzen Linie

Auch Fidel Castro war überzeugter Kommunist, der sich an dem Vorbild Moskaus orientierte. Aber er war immerhin nicht so orthodox wie sein radikalerer Mitstreiter. Auch dem Rückzug der Sowjets während der Kubakrise stimmte er am Ende zu. So konnte es nicht ausbleiben, dass zwischen den beiden Spannungen entstanden, die allmählich immer größer wurden. Castro war flexibler, Che streng orthodox. Er musste schließlich erkennen, dass er seine Ziele nicht würde durchsetzen können, und warf 1965 für viele überraschend das Handtuch. Dass auch sein völliges Versagen bei dieser Entscheidung ohne jeden Zweifel eine wichtige Rolle spielte, liegt auf der Hand. Wer so exponiert an der Spitze für eine Politik verantwortlich war, die völlig versagte, musste irgendwann dafür zur Rechenschaft gezogen werden – so gesehen war Ches Entscheidung, nun in anderen Ländern der Welt für die Durchsetzung der kommunistischen Revolution zu sorgen, auch eine Flucht vor der Verantwortung und vor möglichen Konsequenzen. 1965 fuhr er in den Kongo, um dort die Revolution durchzusetzen. Das Land wurde von einem schlimmen Regime, das sich mithilfe der USA und kubanischer Söldner an der Macht halten konnte, regiert.

Zwei Warlords bekämpften dieses Regime mit ebenso unbarmherzigen Mitteln, denn es ging ihnen nicht um die Befreiung der Bevölkerung, sondern um Macht. Pierre Mulele hatte den Westen des Kongo unter seiner Kontrolle und wollte jeden umbringen, der schreiben konnte oder eine Krawatte trug. Im Osten war Laurent-Désiré Kabila der wichtigste Mann, korrupt durch und durch. Ihm wollte Che helfen.

Anders als die kommunistischen Urväter wie Lenin glaubte Che, dass die Revolution nicht von den städtischen Arbeitern ausgehen würde, sondern von einer kleinen kämpfenden Guerilla-Truppe. In seinem Buch *Guerilla Warfare* behauptete er, es sei nicht notwendig, auf die objektiv günstigsten Bedingungen zu warten, um per Revolution die Macht zu übernehmen. Dafür reiche eine kleine entschlossene Gruppe von Revolutionären aus, die nicht in der Stadt, sondern vom Land aus operieren sollte. Diese Theorie fand viele Anhänger, denn schließlich hatte Che ihre Richtigkeit doch während der Revolution in Kuba bewiesen. Oder? Als seine größte militärische Leistung im Kampf gegen das Batista-Regime gilt die Einnahme der Stadt Santa Clara, doch gibt es zahlreiche Stimmen, die behaupten, die gegnerischen Soldaten hätten im Voraus kapituliert. Möglicherweise, weil ihre Führer bestochen worden seien. Zu solchen Stimmen gehörte unter anderem Gutérrez Menoyo, der selbst eine Guerilla-Truppe anführte und die offizielle und von vielen bis heute vertretene These von Che als großem Militärstrategen in Zweifel zog.

Im Kongo erwiesen sich Ches Theorien jedenfalls als krasse Fehleinschätzung. Von seiner Revolution wollten die Kämpfer Kabilas nichts wissen und so verließ er frustriert und erfolglos das Land bald wieder. Andere Guerilla-Truppen, die nach seiner Taktik vorgingen – in Haiti, Nicaragua, Panama und der Dominikanischen Republik –, wurden zu dieser Zeit allesamt geschlagen.

Che selbst hatte bald ein neues Ziel: Bolivien. Das südamerikanische Land schien wie geschaffen für eine importierte Revolution von außen. Es wurde regiert von einem Präsidenten Barrientos, der sich an die Macht geputscht hatte; seine Wirtschaft erlebte einen Aufschwung, an dem aber die Landbevölkerung nicht teilhatte. Und seine Armee war schwach und musste von den USA unterstützt werden. Ches Plan: Er wollte mithilfe von Guerilla-Kriegen sozialistische Regierungen schaffen – und zwar nicht nur in Bolivien, sondern überall in Südamerika. Von dort sollte dann die sozialistische Weltrevolution ausgehen, die am Ende, nach einem Dritten Weltkrieg gegen den Erzfeind USA, die Weltherrschaft des Kommunismus bringen sollte. Sein Vorbild war der Vietnam-Krieg, der begonnen hatte, nachdem die USA ihrem Verbündeten Südvietnam Militärberater geschickt hatten. Auch in Bolovien gab es US-amerikanische Militärberater – lag da die Parallele nicht auf der Hand? Bolivien sollte sich wie Vietnam entwickeln, aber Che wollte mehr: Er wollte die USA überall angreifen und »zwei, drei, viele Vietnams« schaffen. Diese Guerilla-Taktik fand weltweit viele Anhänger. In Deutschland gehörten unter anderem die

Terroristen der Roten Armee Fraktion dazu, die für Entführungen und Morde verantwortlich sind.

Che wurde von einer schlicht hirnrissigen Vorstellung geleitet – nämlich der, dass er mit ein paar Dutzend Guerillas einen Weltkrieg entfachen könnte. Der Startschuss sollte in Bolivien fallen. 1966 brach er dorthin auf und errichtete im Dschungel ein Basislager, von dem aus er seine Operationen durchführen wollte. Es brauche nur die Entschlossenheit der Tat, genügend Mut und die richtigen Ideen der Partisanen, um die Bauern mitzureißen, zu erziehen und auf den richtigen Weg zu führen, glaubte er. Doch die politische Lage war viel komplizierter, als sich Che das vorgestellt hatte. Die Bauern, auf deren Unterstützung er gesetzt hatte, waren nicht darauf erpicht, von Ausländern befreit zu werden, viele waren genauso nationalistisch wie die rechte Regierung. In seinem Tagebuch musste Che sich eingestehen: »Von einer Mobilisierung der Bauern kann keine Rede sein.«

Aber es kam noch schlimmer, denn Regierungssoldaten durchkämmten das Gebiet, in dem sich Che und seine Männer aufhielten. Immer wieder kam es zu Schießereien und jeder Verlust eines Mannes war für die kleine Guerilla-Truppe schlimm. Aus der indigenen Bevölkerung wurden sie zudem verraten, Einheimische verweigerten die Hilfe oder halfen nur unter Gewaltandrohung. Schließlich war die Truppe auf wenige Mann zusammengeschrumpft und am 9. Oktober 1967 wurde Che mit ein paar letzten Getreuen im Dschungel gefangen genommen. Auf Befehl der Regierung in La

Paz wurde er am selben Tag erschossen. Sein Henker achtete darauf, dass es keine Schussverletzungen im Gesicht gab, denn der Leichnam sollte als Beweis von Ches Tod fotografiert werden; es wurde aber behauptet, er sei im Kampf von Kugeln getroffen worden und verstorben. Die bolivianische Regierung wollte nicht nur die Hinrichtung verschleiern, denn die Todesstrafe war in dem Land verboten. Sie wollte unbedingt auch die Bildung eines Mythos verhindern, nach dem Che mit einer Kugel in den Kopf hingerichtet worden sei. Die Leiche wurde neben der Landebahn des Flughafens der Stadt Vallegrande vergraben. 30 Jahre später wurden die Überreste wieder gefunden, nach Kuba gebracht und befinden sich seitdem dort in einem Ehrenmal.

Die Regierung Boliviens erreichte mit ihrer Aktion genau das Gegenteil von dem, was sie beabsichtigte. Denn das Bild der aufgebahrten Leiche, das bald um die Welt ging, wirkte auf viele wie ein Bildnis Jesu Christi. Der liberale US-amerikanische Schriftsteller Lawrence Osborne, ein scharfer Kritiker Ches, schrieb Jahrzehnte später rückblickend, dass das Bild genau zur richtigen Zeit gekommen sei, denn wenige Monate später brachen in vielen westlichen Ländern die Studentenunruhen aus, die sich auch auf Che beriefen. Schnell wurde der Revolutionär zum Rockstar. »Bis dahin waren die Nazis die einzige politische Bewegung, die die Macht von Glamour und sexueller Ausstrahlung verstanden und ausgenutzt hat. Die Kommunisten haben es nie verstanden«, so Osborne. Mit der Ausnahme des Fotos vom toten Che.

Es legte den Grundstein für die quasireligiöse Verehrung, die linke Revolutionsromantiker bis heute für Che Guevara hegen. Sein Bild, das seine Anhänger wie auch viele schlecht oder gar nicht informierte junge Menschen auf T-Shirts, Hoodies oder Basecaps tragen, ist allerdings das krasse Gegenteil von dem, was dieser brutale Mörder und Terrorist, diese »Tötungsmaschine«, wie er sich selbst nannte, in Wahrheit repräsentierte. Der Glaube, ausgerechnet mit ihm, der ein auf Gewalt basierendes zwangskollektivistisches System errichten wollte, gegen hergebrachte Konventionen und für die Demokratie kämpfen zu können, ist naiv. Sein Mythos hat sich im Laufe der Jahrzehnte vollkommen von seinem realen Handeln und Denken getrennt und verselbstständigt. Es entspricht einer diffusen Revolutionsromantik, das in Teilen der westlichen Welt virulent ist. Dass ausgerechnet dieser Kämpfer gegen den Kapitalismus mit dem Che-Merchandising eine ganze Reihe kapitalistischer Unternehmen reicher gemacht hat, wirkt da nur wie eine kleine gemeine Ironie der Geschichte.

Robert Koch

Genie und Menschenretter

Er gilt als einer der wichtigsten Pioniere der modernen Bakteriologie und Hygiene – wenn nicht als der wichtigste überhaupt. Er identifizierte die Erreger vieler Seuchen und entwickelte ganz neue Methoden, um Krankheiten besser verstehen und somit vermeiden oder heilen zu können. Ohne Zweifel kann man behaupten, dass Robert Koch vielen Menschen das Leben rettete oder sie vor schlimmen Krankheiten bewahrte, und auch wenn ihre Zahl gar nicht zu ermessen ist, so darf man ruhig weit oben ansetzen. Vor diesem Hintergrund ist es kein Wunder, dass das wichtigste Bundesinstitut zur Bekämpfung von Seuchen nach ihm benannt wurde: das Robert Koch-Institut.

Geboren in Clausthal in kleinen Verhältnissen, studierte Robert Koch Medizin, wurde Arzt und wirkte während des deutsch-französischen Krieges 1870/71 als Feldarzt an der Front. Nach dem Krieg begann er sich mehr und mehr für die bakteriologische Forschung zu interessieren. Vor allem der Bacillus anthracis, der

Erreger des Milzbrands, hatte es ihm angetan. Nachdem er entdeckt hatte, dass der Milzbranderreger Sporen bildet, die selbst in winterharten Böden überleben können, isolierte er die Bazillen aus dem Blut kranker Tiere, vermehrte sie anschließend und infizierte gesunde Tiere damit. Diese als revolutionär angesehene Leistung verschaffte ihm eine Stelle am neuen Kaiserlichen Gesundheitsamt in Berlin.

1881 wurde er zum Direktor des eigens für ihn gegründeten Königlich-Preußischen Instituts für Infektionskrankheiten ernannt, dem heutigen Robert Koch-Institut. Er widmete sich jetzt der Erforschung der Tuberkulose, einer Krankheit, die weltweit jährlich 2,5 Millionen Menschen dahinraffte und damals als »Schwindsucht« bezeichnet wurde. Am 24. März 1882 hielt er vor der »Physiologischen Gesellschaft zu Berlin« einen Vortrag, in dem er seinen begeisterten Zuhörern den Erreger der Tuberkulose vorstellte. »In Zukunft wird man es im Kampf gegen diese schreckliche Plage des Menschengeschlechts nicht mehr mit einem unbestimmten Etwas, sondern mit einem fassbaren Parasiten zu tun haben«, verkündete er stolz. Die Anwesenden hatten den Eindruck, einem historischen Ereignis beizuwohnen, und das Echo in der Wissenschaft war geradezu überwältigend. Für seine Entdeckung erhielt er 23 Jahre später, 1905, den Nobelpreis für Medizin.

Zwei Jahre später sorgte Koch erneut für Furore, als es ihm während einer Indienexpedition gelang, den Erreger der Cholera zu identifizieren. Als in Hamburg im Sommer 1892 eine katastrophale Choleraepidemie

Robert Koch 1843–1910

ausbrach, reiste er in die Hansestadt, um dem völlig überforderten Senat bei der Bekämpfung zu helfen. Mit Maßnahmen wie dem Abkochen von Trinkwasser und dem Desinfizieren der Wohnungen Erkrankter sorgte er dafür, dass nicht noch viel mehr als die rund 8600 Todesopfer zu beklagen waren.

Die letzten Jahre seines Lebens hielt Koch sich fast ausschließlich in Afrika und Asien zu Forschungszwecken auf. 1910 reiste er aufgrund seines schlechten Gesundheitszustandes nach Deutschland zurück – zu spät: Er verstarb am 27. Mai des Jahres. Heute sind Schulen, Straßen und Plätze nach ihm benannt, es wurden in vielen Ländern Briefmarken zu seinem Gedenken gedruckt und ein Asteroid trägt seinen Namen.

Dunkle Flecken auf dem weißen Kittel

Die Mitglieder der Deutschen Kolonialgesellschaft, Abteilung Berlin-Charlottenburg, lauschten gespannt den Worten des Redners auf dem Podium. Seit etwa zehn Jahren, so wusste dieser zu berichten, habe sich im Innern von Afrika eine mörderische Seuche entwickelt, die nach ihrem auffälligsten Symptom »Schlafkrankheit« genannt werde. Hauptsächlich herrsche sie im Kongogebiet und an der Nordküste des Victoria-Njansa-Sees vor. »Hunderttausende von Menschen sind schon von ihr dahingerafft worden und die Krankheit befindet sich immer noch im Fortschreiten.« Die Warnung kam aus berufenem Munde, immerhin sprach der berühmte Virologe Robert Koch zu den Zuhörern, der für seine Forschungen zur Bakteriologie drei Jahre zuvor mit dem Medizin-Nobelpreis ausgezeichnet worden war. Weil auch das deutsche Kolonialgebiet »Deutsch-Ostafrika« in Gefahr geraten war, hatte die kaiserliche Regierung eine wissenschaftliche Expedition dorthin gesandt, an deren Spitze er, Robert Koch selbst, stand. Die Wissenschaftler hatten ihre Zelte auf den Sesseinseln aufgeschlagen, wo die Schlafkrankheit besonders stark verbreitet war. Die dramatische Situation ließ keine Verzögerung mehr zu. Vor Ausbruch der Seuchen hätten auf diesen Inseln 30 000 Menschen gelebt, von denen dann nach dem Ausbruch innerhalb weniger Jahre 20 000 verstorben waren. »Es ist aber mit Sicherheit anzunehmen, dass von den Überlebenden mindestens die Hälfte bereits infiziert ist und der Krankheit zum Opfer fallen wird, insoweit es der ärztlichen Kunst nicht noch gelingt, sie zu heilen.«

Mit diesen Sätzen leitete Robert Koch seinen Vortrag am 24. Februar 1908 ein. Im Anschluss daran sprach er über das Leben der »Eingeborenen«, über ihre Hütten, die großen Bananenpflanzen, die sowohl zum Hüttenbau als auch zur Ernährung dienten, die Krokodile im See und manches andere. Auch die Schlafkrankheit wurde im Verlauf des Abends wieder Thema und so berichtete er über die ärztliche Kunst, die zum Kampf gegen diese langsam den Tod bringende Krankheit angewandt wurde. Was Robert Koch nicht erwähnte, waren die Folgen seiner ärztlichen Kunst: verstorbene und dauerhaft erblindete Menschen und die Internierung Tausender Patienten in sogenannten Konzentrationslagern. Diese Aspekte ließ Robert Koch naturgemäß unter den Tisch fallen, denn verantwortlich war dafür ein Mann: er selbst.

Wettlauf um den »Platz an der Sonne«

Deutschland befand sich seit dem letzten Viertel des 19. Jahrhunderts mit anderen Mächten, allen voran Großbritannien und Frankreich, in einem Wettlauf um die letzten kolonialen Gebiete in Afrika und Asien. Hatte der frühere Reichskanzler Otto von Bismarck dem Gewinn von Kolonien – »Schutzgebiete« nannte er sie, weil sie die deutschen Händler vor Ort schützen sollten – zunächst noch ablehnend gegenübergestanden, so nahm vor allem nach seiner Entlassung durch den jungen Kaiser Wilhelm II. 1890 die deutsche Kolonialpolitik stark an Fahrt auf. Unterstützt von einer breiten Kolonialbewegung, wollte das Kaiserreich jetzt nachholen, was es bisher versäumt zu haben glaubte, und machte sich an die Besitznahme bislang »freier« Gebiete. Wie andere europäische Staaten so wolle auch Deutschland seinen »Platz an der Sonne«, betonte Reichskanzler Bernhard von Bülow 1897 im Reichstag. Die Deutschen waren erstaunlich erfolgreich und gingen rücksichtslos vor – schließlich verfügten sie nach England und Frankreich über das flächenmäßig drittgrößte und das bevölkerungsmäßig viertgrößte Gebiet (die niederländischen Gebiete hatten mehr Einwohner). Das Wissen über diesen Tatbestand ist in Deutschland heute nicht mehr sehr weit verbreitet. Problematisch war allerdings, dass die von Deutschen besetzten Gebiete weit verstreut lagen. Das deutsche Kolonialreich umfasste neben winzigen Teilen Chinas, mehrerer Inseln im Westpazifik und Mikronesien sowie Papua-Neuguinea vor allem Teile der heutigen afrikanischen Staaten Ruanda, Burundi, Tansania, Namibia, Kamerun, Togo, Gabun, Republik Kongo, Zentralafrikanische Republik, Tschad, Nigeria und Ghana. Es ging um »Weltgeltung«, Konkurrenz zu den anderen imperialistischen Kolonialstaaten und um die Hoffnung, wirtschaftlich von der gnadenlosen Ausbeutung der Kolonialgebiete zu profitieren.

Allerdings brachte die Besetzung riesiger Gebiete in anderen Teilen der Welt auch große Herausforderungen mit sich. So wollten sich die indigenen Völker längst nicht überall freiwillig unterwerfen und wehrten sich gegen ihre Ausbeutung und faktische Versklavung. Das führte zu Aufständen, welche die deutschen Kolonialherren – wie die anderer Staaten auch – oft mit großer Brutalität niederwarfen. Die wichtigsten dieser Aufstände waren der Boxerkrieg in China 1901/02, der Völkermord an den Herero und Nama 1904/05, der als erster Völkermord des 20. Jahrhunderts gilt, und die Niederschlagung des Maji-Maji-Aufstandes 1905 bis 1907, bei dem allein bis zu 100 000 Menschen umkamen. Aufgrund der deutschen Verbrechen im Zweiten Weltkrieg und des Holocausts blieben diese Verbrechen Jahrzehnte eine Randerscheinung der nationalen Erinnerungskultur hierzulande. Das ändert sich erst seit einigen Jahren.

Eine weitere neue Herausforderung waren die ganz anderen klimatischen Bedingungen, die in den überseeischen Gebieten herrschen. Dort gab es Krankheitserreger, welche die Europäer vor ihrem Eindringen in diese Gebiete nicht kannten. Immer wieder traten Epidemien auf, denen die Menschen ganzer Landstriche zum Opfer fielen, die Zahl der Toten konnten auf Zehntausende oder auch Hunderttausende steigen. Die Europäer verfolgten das aus zwei Gründen mit Sorge. Einmal, weil sie Angst hatten, sich selbst anzustecken und zudem die Krankheiten möglicherweise auch im Heimatland zu verbreiten. Und zum zweiten, weil sie mitansehen mussten, wie die Leistungsfähigkeit der Einheimischen stark geschmälert wurde, wenn so viele von ihnen an Krankheiten starben. Denn die europäischen Kolonialherren – die deutschen genauso wie die anderen – sahen die Einheimischen als billige Arbeitskräfte, ohne die die Ausbeutung der Kolonien nicht möglich war. Deshalb musste ihre Gesundheit erhalten beziehungsweise möglichst schnell wiederhergestellt werden. Dieses Prinzip beschrieb der Aufsatz eines deutschen Regierungsarztes, der 1902 bis 1905 im Kongo gearbeitet hatte, im *Deutschen Kolonialblatt* mit dem Titel »Die Volkshygiene für Eingeborene in ihren Beziehungen zu Kolonialwirtschaft und Kolonialverwaltung« so: »Den Eingeborenen, unseren kolonialen Hauptwert, in seiner vollen Leistungsfähigkeit zu erhalten ..., ist die vornehmste Aufgabe der Kolonialhygiene. Ihre berufenen Hüter sind die Kolonialärzte ... So stellt der Farbige den wertvollsten Besitz unserer Kolonie, ihr organisches Stammkapital dar ... Das lebendige Stammkapital nicht nur in voller Höhe zu erhalten, sondern rentabel zu verwerten ..., ist die vornehmste Aufgabe der Kolonialhygiene.« Diese Sichtweise war utilaristisch: Die Menschen wurden ausschließlich als Arbeitskraft gesehen – und die Erhaltung dieser Arbeitskraft war gleichbedeutend mit der Wartung oder Reparatur einer Maschine.

Es gab durchaus Kritik an der offiziellen Politik des Kolonialismus. So hielt der SPD-Vorsitzende August

Bebel den Anhängern im Reichstag entgegen: »Im Grunde genommen ist das Wesen aller Kolonialpolitik die Ausbeutung einer fremden Bevölkerung in der höchsten Potenz. Wo immer wir die Geschichte der Kolonialpolitik in den letzten drei Jahrhunderten aufschlagen, überall begegnen wir Gewalttätigkeiten und der Unterdrückung der betreffenden Völkerschaften, die nicht selten schließlich mit deren vollständiger Ausrottung endet. Und das treibende Motiv ist immer Gold, Gold und wieder nur Gold zu erwerben.«

Davon, dass Robert Koch zu den Gegnern der Kolonialpolitik zählte, ist nichts bekannt. Im Gegenteil, als ihn ein Hilferuf der Reichsregierung ereilte, stellte er sich sofort zur Verfügung. Der Auftrag lautete, nach Deutsch-Ostafrika zu reisen und die Ursachen für eine schlimme Epidemie zu erkunden, der Schlafkrankheit. In den Nachbargebieten in Uganda waren an dieser mysteriösen Krankheit, die dort ausgebrochen war, bis dahin etwa 200 000 Menschen gestorben. Die deutsche Kolonialverwaltung war alarmiert und befürchtete, dass sie auch auf Deutsch-Ostafrika übergreifen werde, wo es bis zu diesem Zeitpunkt zwar auch Opfer gegeben hatte, aber deutlich weniger.

Hoffnung auf unkontrollierte Forschung

Im Vordergrund standen für Koch allerdings andere Motive als die Politik. Als der berühmte Wissenschaftler 1903 auf Bitten der Regierung zunächst nach

Deutsch-Afrika reiste, weil dort mit der Schlafkrankheit eine gefährliche Bedrohung der einheimischen Bevölkerung ausgebrochen war, hatte er andere Gründe, die Bitte anzunehmen, und sie waren allesamt persönlicher Natur. Sollte seine Mission Erfolg haben, versprach das nicht nur einen Batzen Geld als Belohnung, sondern auch zusätzliches Prestige. Vor allem aber hatte Koch die schöne Aussicht vor Augen, endlich wieder ungestört und unkontrolliert forschen zu können. In Deutschland sei ihm das nicht mehr möglich, jeder mäkele an ihm herum, klagte er. Nach seiner Ankunft in Bulawayo im heutigen Simbabwe schrieb er in einem Brief: »Was ich auch anfassen und unternehmen mag, sofort ist eine Schar von Missgünstigen bei der Hand, die sich auf dieselbe Sache stürzt, sie streitig zu machen, oder wenn ihnen das nicht gelingt, sie einem zu verekeln sucht.« Im selben Jahr ergänzte er in einem Aufsatz für die *Medizinische Wochenschrift*: »Die schönen Zeiten sind längst vorüber, als man die wenigen Bakteriologen noch an den Fingern abzählen und ein jeder von ihnen unbehelligt weite Gebiete durchforschen konnte.«

Der zu diesem Zeitpunkt 60-Jährige erhoffte sich, im fernen Afrika endlich wieder frei von Kritik und Missgunst und frei von Überwachung nach Lust und Laune forschen zu können. Die an der Schlafkrankheit leidenden Menschen gaben für ihn beste medizinische Versuchsobjekte ab, die er skrupellos benutzte, wie sich bald zeigte. Das hatte sich schon in einem weiteren Brief aus Bulawajo gezeigt, den er bereits 1903 geschrieben hatte: »Bei uns zu Hause ist nun schon so gründlich aufgearbeitet und die Concurrenz ist eine so gewaltige, daß es sich wirklich nicht mehr lohnt, dort zu forschen. Hier draußen aber, da liegt noch das Gold der Wissenschaft auf der Straße. Wie viel Neues habe ich gesehen und gelernt, als ich zum ersten Male nach Afrika kam!« Auch Koch boten die Kolonien also das Gold, von dem Jahre zuvor August Bebel gesprochen hatte.

Dass Koch zu Hause die von ihm festgestellten Probleme hatte, die ihn zusehends nervten, hatte er sich allerdings zu einem nicht geringen Teil selbst zuzuschreiben. Denn acht Jahre nach der sensationellen Entdeckung des Tuberkulose-Erregers wollte er daraus Kapital schlagen, im wahrsten Sinne des Wortes. So stellte er 1890 ein Mittel mit dem Namen Tuberkulin vor, das er als Impfstoff gegen Tuberkulose anpries, wenn nicht sogar als Heilmittel. Da damals Millionen Menschen an dieser heimtückischen Krankheit starben, nahmen Fachkreise und Öffentlichkeit die Neuigkeit enthusiastisch auf. Allerdings wurde ihm verübelt, dass er Gewinne aus seiner Entdeckung ziehen wollte, weil er sie an einem staatlichen Institut gemacht hatte – also mit Steuergeldern. Aber die Aufmerksamkeit konzentrierte sich zunächst auf die Berichte über anfängliche Erfolge, die mit Tuberkulin zu verzeichnen waren. Doch dann kam es nach der Einnahme des angeblichen neuen Wundermittels zu ersten Todesfällen. Rudolf Virchow, ebenfalls ein berühmter Arzt, der mit Koch in einem Konkurrenzverhältnis stand, untersuchte daraufhin einige der Leichen und kam zu einem Ergebnis, das Koch und alle die Menschen, die große Hoffnungen in seine Entwicklung gelegt hatten, schockierte. Virchow wies nach, dass das Mittel die Tuberkulose-Bakterien nicht nur nicht abtöte, sondern im Gegenteil Bazillen, die sich latent im Körper eingenistet hatten, sogar aktivierte.

Nachdem der Druck immer größer geworden war, hatte Koch seine Forschungsmethoden offenlegen müssen, was damals nicht an der Tagesordnung war. Er musste eingestehen, dass er angeblich mit Tuberkulin geheilte Meerschweinchen nicht präsentieren konnte und dass er überhaupt nicht angeben konnte, woraus sein Tuberkulin eigentlich genau bestand. »Die wirksamen Bestandteile waren ihm gänzlich unbekannt«, so der Medizin-Historiker Christoph Gradmann. Zwar hatte er auch Versuche an Menschen gemacht, aber die waren offensichtlich ohne greifbares Ergebnis geblieben. So hatte er das Mittel auch an seiner damaligen erst 17 Jahre alten Geliebten Hedwig Freiberg getestet, nicht ohne darauf hinzuweisen, dass sie »möglicherweise recht krank« werden könnte. »Sterben würde ich voraussichtlich nicht«, habe er aber hinzugefügt, wie Freiberg, die später Robert Kochs zweite Ehefrau wurde und mit ihm nach Afrika reiste, in ihren Erinnerungen hinzufügte. Man kann davon ausgehen, dass Koch keinen vorsätzlichen Betrug beabsichtigte, sondern es wirklich nicht besser wusste. Aber die fahrlässige Art, mit der er vorging, schockierte Öffentlichkeit und Experten gleichermaßen und völlig zu Recht. Sein

Ruf war eine Weile ziemlich ramponiert. Die Kritik, die sich an ihm entzündete, war der Hintergrund für seine Klagen, dass er zu Hause nicht mehr in Ruhe forschen könne. Behörden, Kollegen und Öffentlichkeit schauten von nun an viel aufmerksamer und kritischer hin. Solche medizinischen Versuche an Menschen, wie sie Koch betrieben hatte, wurden im Deutschen Reich verboten. Wer sie dennoch durchführen wollte, konnte aber in die Kolonialgebiete ausweichen, denn für die dort lebenden Menschen galt dieses Verbot nicht. Für Koch wie auch für andere Ärzte wurden die afrikanischen Kolonialgebiete zum Tummelplatz und zu einem Feld nahezu ungehemmter Menschenversuche.

Menschen als Forschungsobjekte

Kurz nachdem Koch in Deutsch-Ostafrika angekommen war, bat ihn auch die britische Regierung um Hilfe. Das war nicht ungewöhnlich, denn trotz des Konkurrenzdrucks hatten alle europäischen Kolonialmächte dasselbe Ziel und dieselbe Furcht: Sie wollten die Kolonien ausbeuten und fürchteten, dass Epidemien zu einem schmerzlichen Ausfall zahlreicher Arbeitskräfte führen könnten. Daher hatte die deutsche Kolonialverwaltung nichts dagegen, dass Koch weiter zog in das britisch besetzte Uganda, wo der Ausbruch der Schlafkrankheit erheblich schlimmer war als in Deutsch-Ostafrika. Schließlich lag es ja auch im deutschen Interesse, wenn die Ursache für die Krankheit und ein Heilmittel gefunden würden. Koch hatte auch gar nichts gegen eine internationale Zusammenarbeit einzuwenden, aber sie sollte auf keinen Fall ohne Deutschland stattfinden – auch hier stand das Prestige bei dem als eitel geltenden berühmten Wissenschaftler ganz oben. Koch reiste also auf die Tsetse-Inseln im Victoriasee und begann zu forschen. Nach seinen eigenen Methoden, ganz frei und nahezu unkontrolliert.

Zunächst machte er sich auf die Suche nach dem Seuchenherd. Den hatte er nach einigem Forschen gefunden. »Es handelt sich um einen von Insekten übertragenen Parasiten, der nicht nur Menschen, sondern auch Tiere befällt und eine langsam voranschreitende Krankheit verursacht«, so die Medizin-Historikerin Edna Bonhomme. Als potenzielles Medikament stellte Koch sich ein Mittel namens Atoxyl vor. Dieses arsenhaltige Medikament wurde in geringen Dosen unter anderem zur Bekämpfung von Syphilis genutzt. Dass es in hohen Dosen giftig war, war bekannt und auch Robert Koch wusste das ganz genau. Die Folgen der Einnahme zu hoher Dosen waren Schmerzen, Koliken und eine vorübergehende oder dauerhaften Erblindung bis zum Tod. Trotzdem spritzte Koch das Mittel in immer höheren Dosen bis zu einem Gramm in Intervallen von sieben bis zehn Tagen. Es war ein Experiment, ein Menschenversuch. In Deutschland wurden solcherart Versuche an Tieren durchgeführt, an Menschen waren sie verboten. »In Afrika hat Koch aber die Menschen als Forschungssubjekte benutzt, auf eine Art und Weise, in der es in Deutschland nie erlaubt gewesen wäre«, so Bonhomme.

Als es bei den ersten Patienten zu Erblindungen kam, tat Koch sie zunächst als vorübergehend und daher harmlos ab. »Dass Atoxyl zur Erblindung führen konnte, war in der Fachliteratur nachzulesen, Koch hätte das wissen müssen«, betont auch der Afrikawissenschaftler Jürgen Zimmerer. Ob er es nicht zur Kenntnis genommen habe, weil ihm das wissenschaftliche Alltagsgeschäft generell zuwider gewesen sei, oder weil er geglaubt habe, dass für Afrikanerinnen und Afrikaner andere Fürsorgeregeln gegolten hätten, lässt Zimmerer dahingestellt. Aber sein Urteil ist eindeutig: »In beiden Fällen hätte er grob fahrlässig gehandelt.« Und es sei der koloniale Rassismus gewesen, der das möglich gemacht habe. Jedenfalls nahm Koch die Erblindung seiner Patienten und Patientinnen ganz bewusst in Kauf, auch als klar war, dass sie keineswegs nur vorübergehend sein würde, sondern dauerhaft. Das zeigt ein Brief, den er im Mai 1907 schrieb. Darin heißt es: »Manche von unseren Kranken werden jetzt schon seit 8 Monaten behandelt. Das einzige bedenkliche Symptom, welches uns bei dieser Atoxylbehandlung aufgefallen ist, ist eine vollständige und bleibende Erblindung, die wir leider bei einer geringen Zahl von Kranken konstatieren mußten. Wenn andere Beobachter noch nichts derartiges gesehen haben, dann liegt dies nur daran, daß sie eine zu kleine Zahl von Kranken zur Verfügung haben. Mit der Zeit werden auch andere diese unliebsame Erfahrung machen.« Aus diesem Brief geht hervor, dass Koch sehenden Auges die Erblindung eines Teils seiner Patienten in Kauf nahm und keinen Grund sah, deswegen seinen Versuch abzubrechen.

Koch und seine Helfer spritzten bis zu 1000 Dosen Atoxyl täglich, insgesamt wurden mehr als 11 000 Menschen damit behandelt. Der Bedarf von Atoxyl für diesen Menschenversuch war so groß, dass das Mittel in großen Mengen aus Deutschland nachbestellt werden musste. Bei den behandelten Personen verbesserten sich nach der Verabreichung des Mittels die klinischen Symptome zwar, aber es kam nicht zu einer vollständigen Eliminierung des Erregers im Blut. In einem Brief berichtete Robert Koch 1906: »Wir haben jetzt schon weit über tausend Kranke, die mit Atoxyl behandelt werden. Unsere Resultate bewegen sich immer noch in derselben Richtung. Für mich ist die Hauptsache, daß die Trypanosomen[1] verschwinden; denn aufgrund derer gar nicht mehr zu bezweifelnden Thatsache kann man die Seuche wirksam bekämpfen. Es scheint so, als wenn man statt der Doppelinjektionen, welche ich aus theoretischen Gründen gewählt hatte, auch mit einfachen auskommt. Versuche darüber sind noch im Gange. Für manche Kranke genügt eine einmalige Applikation des Atoxyls, um die Trypanosomen definitiv zum Verschwinden zu bringen, aber bei anderen kommen sie doch nach längerer Zeit (2–4 Wochen) wieder

1 Trypanosomen sind eine Gattung von einzelligen geißeltragenden Flagellaten, die als Parasiten in verschiedensten Wirbeltieren vorkommen und meist von Insekten übertragen werden. Viele sind harmlos, aber andere können Infektionskrankheiten wie zum Beispiel die Schlafkrankheit oder die Chagas-Krankheit auslösen.

zum Vorschein, und es bedarf bei solcher einer wiederholten Injektion. Auch daß muss noch probiert werden ... Ich hätte nicht geglaubt, daß unsere Aufgabe so leicht zu lösen gewesen wäre.«

In diesem Brief gab er also zu, dass er unnötigerweise zu hohe Dosen des gefährlichen Mittels gespritzt hatte. Und Koch hatte noch eine weitere Idee, die auch umgesetzt wurde: Er ließ an der Schlafkrankheit Erkrankte in sogenannten Konzentrationslagern internieren, die er nach britischem Vorbild einrichten ließ. Diese Lager waren sehr ärmlich ausgestattet. Sie bestanden aus Strohhütten und schlechten Zelten. Es gab viel zu wenig Decken, kaum sauberes Wasser und die Versorgung mit Lebensmitteln war völlig unzureichend. Vergleichbare Lager richteten auch andere Ärzte mit anderer Nationalität ein, Koch stand also keineswegs damit alleine. Der Historiker Wolfgang Eckart kommt zu dem Schluss: »Es gibt keine unmittelbaren Analogien zu den Vernichtungslagern im Zweiten Weltkrieg beziehungsweise während der nationalsozialistischen Diktatur. Aber wenn man sich die Struktur dessen ansieht, was dort geschah: Die Humanexperimente in einer Sondersituation der Unfreiheit, die vollkommene Abhängigkeit, die körperliche Abhängigkeit in ihrer absoluten Totalität, der Aspekt, dass Todesfälle in Kauf genommen wurden – dann muss man schon sagen, dass diese Lager den späteren Vernichtungslagern beziehungsweise den Konzentrationslagern in gewisser Weise glichen.« Allerdings muss man einschränken, dass die Lager Nazi-Deutschlands eingerichtet wurden, um die

Insassen auf verschiedene Arten bewusst und vorsätzlich zu ermorden. Der Tod in den Konzentrationslagern von Koch und anderen wurde dagegen »nur« billigend in Kauf genommen. Das ist schlimm genug und durch nichts entschuldbar.

Von einer schnellen Lösung der Aufgabe, von der Koch 1906 fabulierte, konnte indes gar keine Rede sein. Seine Bilanz war ziemlich erbärmlich. Aus einem 1911 vorgelegten Forschungsbericht ging hervor, dass von den mehr als 11 000 in den Lagern Internierten lediglich etwa 20 Prozent geheilt entlassen werden konnten. 1500 Patientinnen und Patienten waren an der Seuche oder an der Therapie gestorben, 3000 zur Beobachtung entlassen worden oder geflohen. 1700 hielten sich noch in den Lagern auf. 2500 Personen fehlten einfach in der Auflistung – es ist davon auszugehen, dass sie geflohen waren. Denn unter den Patienten herrschten Skepsis und Furcht wegen der Nebenwirkungen der Behandlung. Viele versuchten, sich durch Flucht der gefährlichen Behandlung zu entziehen. Ein wirksames Mittel gegen die Schlafkrankheit wurde erst 1921 von der Firma Bayer auf den Markt gebracht.

In eine Gesamtbilanz des Wirkens von Robert Koch muss einfließen, dass er durch seine Forschungen vielen Menschen das Leben gerettet hat, daran kann kein Zweifel bestehen. Aber bei seinen Menschenversuchen in Afrika ging er ziemlich skrupellos vor. Offenbar empfand er das Leben der Indigenen nicht als gleichwertig dem der Europäer. Er stellte sich in den Dienst der Kolonialpolitik seiner Regierung, welche die

Menschen lediglich als Arbeitskräfte sah, die sie hemmungslos ausbeuten konnte. So wie die Politiker kein Interesse am Wohlergehen dieser Menschen hatten, so hatte Koch als Arzt kein Interesse an seinen einzelnen Patienten. Ihn interessierte nur der Erhalt oder die Wiederherstellung der Arbeitskraft, denn ohne sie war eine Ausbeutung der Kolonialgebiete nicht möglich. Ob man deshalb so weit gehen muss wie der Fachhistoriker Jürgen Zimmerer, der fordert, das nach Robert Koch genannte berühmte Institut in Berlin umzubenennen, liegt im Ermessen eines jeden Betrachters. Aber eins ist klar: Robert Koch war ein Arzt und Wissenschaftler mit dunklen Flecken auf dem weißen Kittel.

Thomas Jefferson

Gründervater und Freiheitskämpfer

Gründervater der Vereinigten Staaten von Amerika, dritter US-Präsident, Hauptverfasser der Unabhängigkeitserklärung, wichtiger Staatstheoretiker – geht eigentlich noch mehr? Wer von Thomas Jefferson spricht, läuft Gefahr, in Ehrfurcht zu erstarren. Tatsächlich hat dieser Mann seine Spuren tief in die Geschichte eingegraben, und nicht nur in die Geschichte der USA.

1743 in Shadwell bei Charlottesville in Virginia als Sohn wohlhabender Eltern geboren, genoss er die beste Bildung und schloss seine Ausbildung 1762 mit einem Examen in Jura ab. Einige Jahre später machte sich Jefferson als Anwalt selbstständig und erarbeitete sich bald einen hervorragenden Ruf in seinem Metier. Doch der Anwaltsberuf alleine reichte ihm nicht. Jefferson ging in die Politik und wurde als Abgeordneter in das House of Burgess gewählt, die zweite Kammer des Parlaments von Virginia. Seitdem er 1774 seine Streitschrift *A Summary View of the Rights of the Bri-*

tish America veröffentlicht hatte, galt er zunehmend als ein wichtiger staatstheoretischer Denker, der über die Anforderungen des politischen Tagesgeschäfts hinausdachte. Das Buch war als eine Anleitung für die Delegierten Virginias beim Kontinentalkongress gedacht, der von 1774 bis 1789 tagte und gegen die Beschränkung der Freiheiten der amerikanischen Bürger kämpfte. Als er zwei Jahre später als Vertreter Virginias zu eben diesem Kongress, der die Unabhängigkeitserklärung des zukünftigen Staates ausarbeiten sollte, geschickt wurde, übernahm er alsbald eine führende Stellung. Im Auftrag des Kongresses erarbeitete er eine erste Fassung der Erklärung, die mit wenigen Änderungen angenommen wurde. Somit gilt Thomas Jefferson als der Hauptautor der Erklärung.

Mit seiner politischen Karriere ging es zunächst weiter voran. Von 1785 bis 1789 amtierte er als Botschafter in Paris, wo er für die Französische Revolution Sympathien entwickelte und an der Erklärung der Menschenrechte mitarbeitete. Nach seiner Rückkehr in die USA ernannte ihn Präsident George Washington 1790 zum Außenminister. Sechs Jahre später wurde er zum Vizepräsidenten gewählt, 1800 schließlich zum Präsidenten. Er sollte dieses Amt bis 1808 innehaben und wurde 1804 mit einer erdrückenden Mehrheit im Amt bestätigt. Zu den wichtigsten Ereignissen seiner Präsidentschaft gehört der Kauf der französischen Kolonie Louisiana, durch den die jungen USA ihr Territorium nahezu verdoppeln konnten. Eigentlich widersprach dieser Kauf durch den Zentralstaat seinen

Thomas Jefferson 1743–1826

eigenen Auffassungen, nachdem die einzelnen Staaten eine möglichst starke Stellung gegenüber der Zentralregierung haben sollten.

Nach seiner zweiten Amtszeit als Präsident zog er sich 1808 aus der aktiven Politik zurück. Er war führend an der Errichtung der Universität von Virginia beteiligt, galt als Verfechter von Demokratie und Menschenrechten und stand in regem Austausch mit vielen Geistesgrößen seiner Zeit. Nach seinem Tod wurde er von ganz unterschiedlichen politischen Seiten, die sich teilweise diametral gegenüberstanden, in Anspruch genommen. Heute gilt er als ein großer Demokrat und

Vordenker eines freien Amerika. In Washington erinnert ein Jefferson Memorial an ihn, sein Antlitz ist auf der Zwei-Dollar-Note abgebildet.

Rassist im Gewand des Menschenfreundes

Auf den ersten Blick wirkt Thomas Jefferson als einer der Väter der amerikanischen Unabhängigkeitserklärung wie ein aufrechter und konsequenter Kämpfer gegen die Sklaverei. In seinem Entwurf mit den historischen Worten »Alle Menschen sind gleich erschaffen« bezeichnete er den Sklavenhandel als »schrecklichen Handel«, als »eine Ansammlung von Schrecken« und als »einen grausamen Krieg gegen die menschliche Natur selbst«. So kommt der Historiker John Chester Miller zu dem Urteil: »Die Einbeziehung von Jeffersons Beschränkungen in Bezug auf Sklaverei und Sklavenhandel hätte die Vereinigten Staaten zur Abschaffung der Sklaverei verpflichtet.«

Alle Menschen sind gleich?

Die Betonung liegt auf dem Wort »hätte«, denn sie wurde damals bekanntlich nicht umgesetzt. Aber auch die Realität von Jeffersons Handeln sah ganz anders aus und das ist das Erstaunliche und Erschreckende. Denn während er bei der politischen und gesellschaftlichen Umsetzung von vielen Kräften abhängig war, wäre es ihm möglich gewesen, seine Gedanken im eigenen persönlichen Verantwortungsbereich umzusetzen. Davon aber kann keine Rede sein und so klaffen wie bei nur wenigen Politikern der öffentlich vertretene Anspruch und das eigene Handeln so weit auseinander wie bei Thomas Jefferson. Dieses Handeln brachte den US-amerikanischen Historiker Stephan E. Ambrose zu dem scharfen Urteil, dass er in Wahrheit gar nicht daran geglaubt habe, dass alle Menschen gleich geschaffen seien. »Er war ein Rassist, unfähig, sich über den Gedanken seiner Zeit und seines Ortes zu erheben, und bereit, von Sklavenarbeit zu profitieren.« Ist dieses Urteil vielleicht zu streng? Ganz und gar nicht. Ambrose und andere Kritiker der Ikone der amerikanischen Unabhängigkeit können ihre Kritik gut belegen, denn sie haben zur Begründung einen Kronzeugen, wie es einen besseren gar nicht geben kann: Thomas Jefferson selbst. Der vermeintliche Kämpfer gegen die Sklaverei nannte – verteilt auf sein Leben – mehr als 600 Sklaven sein eigen. Zu jeder Zeit waren es mindestens 100.

Tatsächlich trat Jefferson in den 1770er- und 80er-Jahren öffentlich als Vorkämpfer gegen die Sklaverei auf und vertrat die Ansicht, Sklaverei sei aus moralischen Gründen nicht vereinbar mit den Prinzipien der amerikanischen Revolution. 1774 forderte er in seinem Pamphlet *A Summary View of the Rights of British America* vom englischen König Georg III., dass der Monarch sich für das Ende der Sklaverei in den britischen Kolonien einsetzen möge, da dies ein weitverbreiteter Wunsch sei und den Kolonisten die Haltung von Sklaven bei der Gründung der Kolonien aufgezwungen worden sei. Vorher aber, so meinte er, müsse der Import von Sklaven aus Afrika gestoppt werden. Und in seinen 1821 veröffentlichten Memoiren schrieb er: »Nichts steht mit mehr Gewissheit im Buch des Schicksals geschrieben, als dass diese Menschen frei sein müssen.« (Übersetzung durch A. F.)

Das bedeutete aber nicht, dass Jefferson wirklich der Auffassung war, dass alle Menschen gleich seien. Einmal abgesehen, dass er mit »men« nur die Männer meinte, nicht aber die Frauen (»men« kann als »Menschen« oder als »Männer« übersetzt werden), traf das auch auf die Schwarzen nicht zu. Jefferson war selbst in den Jahren, in denen er als Kämpfer gegen die Unterdrückung der Schwarzen durch ihre Versklavung auftrat, der festen Überzeugung, die Weißen seien den Farbigen überlegen. Er hatte dafür eine ganze Palette von angeblichen Gründen parat. So war es in seinen Augen die Sklaverei, die den Weißen erst die Möglichkeit bot, sich vom Zwang des Geldverdienens zu befreien und sich stattdessen um Politik und Kultur zu kümmern. Er war der Auffassung, dass Schwarze von Natur aus den Weißen sowohl intellektuell als auch körperlich unterlegen seien. Er »bewies« diese These mit dem Hinweis darauf, dass alle Schwarzen, die er persönlich kannte, über kaum ausgebildete Fähigkeiten und Kenntnisse in der Literatur oder Malerei verfügten. Weil aber in der Antike einige Sklaven zu den anerkanntesten Künstlern gehörten, glaubte Jefferson, dass nicht ihre Lebensumstände der Grund seien, sondern die Unterschiede von Natur aus existierten.

Übrigens war auch seine Haltung zu den indigenen Völkern Nordamerikas, die unter der gewaltsamen Verdrängung durch die Weißen litten, zwiespältig. Er zeigte für ihre Kultur eine große Bewunderung. Eine Rede des Indianerhäuptlings Logan setzte er gleich mit Ansprachen der antiken Denker Cicero und Demosthenes. Körperlich und geistig seien die Indianer den Weißen ebenbürtig, fand Jefferson. Das ging deutlich über das hinaus, was die meisten seiner Zeitgenossen dachten. Allerdings schloss er daraus, dass die Indigenen sich den Weißen anpassen und sich assimilieren und somit ihre eigene Kultur und Lebensweise aufgeben müssten. Und wenn er sie als »meine Kinder« bezeichnete, so spricht daraus eine zutiefst patriarchalische Grundhaltung.

Jefferson bemühte auch pseudowissenschaftliche Rassentheorien, um eine andere These zu untermauern – nämlich die von der angeblichen sexuellen Triebhaftigkeit der Schwarzen. In seinen *Notes on the State of Virginia* schrieb er 1785, die dunkle Hautfarbe rühre von der Farbe des Blutes der Schwarzen her und diese wiederum sei darin begründet, dass schwarze Frauen sich mit Orang Utans paaren, während schwarze Männer sich bevorzugt weiße Frauen als Sexualpartnerinnen suchen würden. Der Sexualtrieb der Farbigen sei mehr animalisch als human. Überhaupt sah er im Farbigen »ein Tier … das nicht reflektiert«. Aus allen diesen Gründen sprach er sich dafür aus, die Schwarzen nach Afrika zu deportieren. Denn er befürchtete schwere Auseinandersetzungen und Rassenkonflikte im Falle ihrer Freilassung auf amerikanischem Boden. Die Schwarzen würden sich für das an ihnen begangene Unrecht rächen wollen – die Folge dieser Auseinandersetzungen sei der Untergang einer der beiden »Rassen«. Dass eine Deportation nach Afrika aus logistischen Gründen in der Realität allerdings unmöglich war, war Jefferson aber bewusst. Immerhin hätte es sich um die Zahl von rund 500 000 Menschen gehandelt und damit etwa um ein Fünftel der Bevölkerung Nordamerikas. Aber auch eine Vermischung der »Rassen« lehnte er ab. Und schon in den *Notes on the State of Virginia* bezeichnete Jefferson die Sklaverei aus wirtschaftlichen Gründen als notwendig, denn die arbeitsintensive Landwirtschaft der Südstaaten sei ohne sie gar nicht zu bewerkstelligen. Vor dem Hintergrund dieser Äußerungen ist es kein Wunder, dass die *Notes on the State of Virgina*, wie der Historiker Paul Finkelmann in seinem Buch *Defending Slavery* schreibt, zu einer der wichtigsten Rechtfertigungen der Sklaverei wurde. Andere Politiker der Südstaaten nutzen Jeffersons Ideen, um immer wieder neue politische, ökonomische, historische, gesellschaftliche und praktische Argumente und Theorien zur Rechtfertigung der Sklaverei zu entwickeln. Wie dieses Ideenwerk zu Jeffersons öffentlich erhobener Forderung nach dem Ende der Sklaverei passte, ist nicht zu verstehen.

Nutznießer der Sklaverei

Oder vielleicht doch? Tatsächlich gibt es einen Wendepunkt bei Jefferson, der im Jahr 1792 zu finden ist. Ab dieser Zeit lässt sein öffentliches Engagement gegen die Sklaverei deutlich nach. Der Grund dafür lag in der Neuausrichtung seiner eigenen wirtschaftlichen Aktivitäten. Im Zusammenhang damit stellte Jefferson fest, dass diese eine Grundlage hatten, ohne die sie gar nicht funktionierten: Sklaven. Von nun an bestimmte sein privates wirtschaftliches Engagement sein politisches Handeln, wenn es um das Thema Sklaverei ging. Man kann darin in gewisser Weise eine Bestätigung des Lehrsatzes von Karl Marx sehen, nach dem das Sein das Bewusstsein bestimme.

Drei Jahre zuvor hatte Jefferson sich dazu entschlossen, vom bisherigen Tabakanbau auf den Anbau von Weizen umzusatteln. Das veränderte seine Haltung zu seinen Sklavenarbeitern, die er auch in den Jahren beschäftigt hatte, in denen er öffentlich gegen die Sklaverei zu Felde gezogen war. Für den Tabakanbau benötigte er keine Sklaven mit einer speziellen Ausbildung; ihre Arbeit auf den Plantagen war tagein, tagaus öde und monoton. Für den Weizenanbau brauchte er Facharbeiter mit speziellen Kenntnissen. Das hatte eine Segmentierung der Sklavenarbeiter zur Folge; manche standen aufgrund ihrer Fähigkeiten und Kenntnisse über anderen. Aber eins hatten sie alle gemeinsam: Sie blieben Sklaven, Leibeigene ihres weißen Herrn.

Und noch eine andere Folge hatte der Weizenanbau, denn für ihn wurden weniger Arbeiter benötigt als für den Tabakanbau. Somit konnte Jefferson eine Zahl von Sklaven in anderen Teilen seiner Unternehmungen in Monticello einsetzen. Sie fanden vor allem Arbeit in seiner kleinen Fabrik, in der Nägel hergestellt wurden. Dabei handelte es sich um eine harte, anstrengende Tätigkeit, für die er gerne Jungen im Alter zwischen zehn und 16 Jahren heranzog. Diese Jungen wurden auf der Tabakplantage für die unangenehme Aufgabe eingesetzt, nach Tabakwürmern zu suchen und sie zu töten. Beim Weizenanbau wurden sie aber nicht mehr benötigt – und waren frei für die Nagelfabrik. Obwohl die Arbeit dort sehr schwer war und die Jungen täglich viele Stunden in der heißen, stickigen Luft Nägel aushämmern mussten, bekamen sie keinen Lohn, nur eine höhere Lebensmittelration. Weiße Altersgenossen dagegen, die an den Wochenenden freiwillig in der Fabrik arbeiteten, allerdings mit leichteren Aufgaben, erhielten 50 Cent pro Tag. Der Gewinn, den Jefferson mit seiner Nagelfabrik machte, war so groß, dass er schon wenige Monate nach ihrer Eröffnung an einen Bekannten schrieb: »Die Nagelfabrik, die ich mit meinen eigenen Negerjungen eingerichtet habe, sorgt jetzt vollständig für den Unterhalt meiner Familie.« Bald reichten zwei Monate Arbeit der Nailboys aus, um die jährlichen Kosten für die Lebensmittel seiner Familie zu bezahlen, rechnete Jefferson zufrieden aus. Dieses Modell funktionierte nur, weil Thomas Jefferson schwarze Sklaven hatte, die für ihn ohne jeden Lohn schufteten.

Nicht immer verrichteten sie ihre Arbeit freiwillig. In diesen Fällen musste eben nachgeholfen werden. Dafür hatte er einen weißen Aufseher mit Namen William Page, der für seine Grausamkeit berühmt war. In Jeffersons geschäftlichen Aufzeichnungen gebe es eine Reihe von Indikatoren, die, mal direkt, mal verbrämt, darauf hinweisen, »dass die Monticello-Maschine mit sorgfältig kalibrierter Brutalität betrieben wurde«, schreibt der Historiker Henry Wiencek. Selbst zehn- oder zwölfjährige Jungen wurden brutal ausgepeitscht, wenn sie die harten Arbeitsanforderungen nicht erfüllten. Jefferson wusste nicht nur davon, sondern er forderte diese Bestrafung explizit. Einige Sklaven würden sich niemals ohne Weiteres der Knechtschaft unterwerfen, meinte er: »Sie erfordern eine gewisse Disziplin, damit sie vernünftige Arbeit leisten können.« Solche Passagen wurden später von Historikern bewusst unterschlagen, sodass sie erst vor wenigen Jahren der Öffentlichkeit bekannt wurden.

1792 erwähnte Jefferson erstmals in einem Brief an den ihm persönlich bekannten Präsidenten George Washington einen Gedanken, der ihm gekommen war, als er die Gewinne und Verluste seiner Plantage verrechnete: Für ihn stellten seine kostenlos arbeitenden Sklaven eine menschliche Dividende dar, sie waren geradezu eine Goldgrube. Jedes neugeborene »Negerkind« bringe ihm einen Profit von mindestens vier Prozent jährlich, rechnete er Washington vor. Kurze Zeit später bezeichnete er den Kauf von Sklaven als Anlagestrategie für die Zukunft. An einen Bekannten, der gerade finanzielle Verluste erlitten hatte, schrieb er, er hätte »in Neger investieren sollen«. Er riet dem Mann für den Fall, dass seine Familie noch Geld übrighabe, solle sie es »in Land und Neger« anlegen, und sagte eine Wertsteigerung von fünf bis zehn Prozent jährlich voraus. In diesem Fall hatte Jefferson, der sonst ein wenig erfolgreicher, stets verschuldeter Geschäftsmann war, sogar recht, wie eine in den 1970er-Jahren veröffentlichte Statistik bestätigt. Danach waren versklavte Schwarze in den Jahren vor dem amerikanischen Bürgerkrieg das zweitwichtigste Kapital in den Vereinigten Staaten. Der Historiker David Brion Davis schrieb: »1860 war der Wert südlicher Sklaven etwa dreimal so hoch wie der Betrag, der landesweit in die Herstellung oder den Betrieb der Eisenbahn investiert wurde.« Nur Land war als Besitz noch wertvoller als die Sklaven. Jefferson war daher auch nicht der Einzige, der ihren ökonomischen Wert erkannte. Die gesamte Industrie in den USA setzte auf die Rendite, die damit zu erzielen war.

Die Divergenz zwischen Worten und Handeln Jeffersons fiel nur sehr wenigen seiner Besucher in Monticello auf, und das, obwohl die ärmlichen Hütten, in denen die meisten seiner Sklavenarbeiter leben mussten, ganz in der Nähe des Herrenhauses standen. Vom Haus selbst aus störten sie zwar die Blicke der weißen Besucher nicht, aber jeder, der sie sehen wollte, konnte das tun. Es ist aber nur der Fall einer Besucherin bekannt, die sich die Hütten bewusst anschaute. Auch aus ihrem Bericht spricht eine zutiefst rassistische Einstellung, wenn sie äußerte, dass die Hütten zweifellos nur für Menschen mit »nördlichen Gefühlen« arm und unbequem seien. Solche »nördlichen Gefühle« billigte Jeffersons Freundin nur den Weißen zu, nicht den Schwarzen, die sich ihrer Ansicht nach offenbar nicht an den bedrückenden Zuständen störten.

Es gab auf Monticello durchaus Unterschiede zwischen den verschiedenen Sklavengruppen. Ganz oben standen diejenigen, die im Haus arbeiteten, ganz unten die, die in den Unternehmungen eingesetzt waren. So wurde die Abstufung der Sklaven durch die Höhe ihres Einsatzortes symbolisiert, denn das Herrenhaus stand auf einem Hügel, der den höchsten Punkt darstellte, während die Werkstätten und Hütten der anderen Sklaven weiter unten angesiedelt waren. Jeffersons Haus war so gestaltet, dass die schönsten und edelsten Teile des Gebäudes der Öffentlichkeit zugewandt waren, die weniger edlen aber vor ihren Augen verborgen blieben. Die im Dunkeln sieht man nicht – das galt für die meisten der Sklaven, die im Herrenhaus arbeiteten. Das Haus stand über einem langen Tunnel, durch den die unsichtbaren Sklaven geschäftig hin- und hereilten und Lebensmittel, Getränke, Geschirr und Bettwäsche transportierten. »An einem Ende des Tunnels lag das Eishaus, am anderen die Küche, ein Bienenstock unaufhörlicher Aktivität, in dem die versklavten Köche und ihre Helfer einen Gang nach dem anderen produzierten«, beschreibt Henry Wiencek die Szene. So mussten die nicht selten 30 Gäste, die Jefferson eingeladen hatte, sich nicht belästigt fühlen vom Anblick der schwarzen

Sklaven. Dass bei diesen Essen und Empfängen auch über das Thema Sklaverei gesprochen wurde und Jefferson die Ausbeutung der Schwarzen kritisierte – dieser Widerspruch scheint den Besuchern und Besucherinnen für gewöhnlich gar nicht aufgefallen zu sein. Allerdings bekamen sie die Sklaven eben auch nur sehr selten zu Gesicht.

Der Hausherr genoss das Erstaunen seiner Gäste, die sich wunderten, wenn er neben dem Kamin eine Tafel in der Wand öffnete, eine leere Flasche Wein in die Durchreiche stellte und wenige Sekunden später eine neue wieder herausholte. Wenn dann einer der Gäste die Frage stellte, wie das möglich sei, klärte Jefferson ihn auf. Hinter der Tafel wartete bereits ein verborgener Kellner, der sofort in den Keller hinabstieg, die leere gegen eine volle Flasche austauschte und sie seinem Herrn reichte. Ähnlich funktionierte eine Drehtür, die mit Regalen ausgestattet war, in denen Teller mit warmen Speisen erschienen, während die benutzten Teller verschwanden.

Unangenehme Wahrheiten wurden unterdrückt

Thomas Jeffersons Apologeten verschwiegen diese unangenehmen Seiten ihres Helden viele Jahre; in manchen Fällen wurden Teile seines Nachlasses sogar bei der Veröffentlichung bewusst manipuliert. Die Folge war, dass in der amerikanischen Öffentlichkeit ein falsches, nämlich geschöntes Bild über Jefferson verbreitet wurde. Selbst seriöse Historiker beteiligten sich daran, wenn auch unwissend, denn sie nutzten nicht die Originalquellen, sondern die manipulierten veröffentlichten. Erst seit den Jahren nach der Jahrtausendwende kam die dunkle Wahrheit über Thomas Jefferson nach und nach ans Licht. Seine Apologeten können sich auch nicht darauf zurückziehen, dass er gewissermaßen in der Sklaverei feststeckte, in ihr gefangen war. Nein, Jefferson profitierte von der Unterdrückung und Ausbeutung der Schwarzen ganz bewusst und trieb sie voran, das zeigen die zitierten Quellen. Denn anders hätte sein gesamtes Geschäftsmodell nicht funktioniert. Weil er ein Verschwender und schlechter Unternehmer war, machte er trotzdem Verluste und musste einen Teil seiner insgesamt mehr als 600 Sklaven verkaufen. Das aber hatte dramatische Folgen für die Betroffenen, denn dieser Verkauf von Menschen bedeutete, dass Familien auseinandergerissen wurden, die in der damaligen Zeit kaum eine Chance hatten, wieder zusammenzufinden. Jefferson wusste, welche Schrecken er mit dem Verkauf von Sklaven unter diesen verbreitete, und so verkaufte er manchmal auch absichtlich Jungen aus seiner Nagelfabrik, um die anderen zu mehr Disziplin zu motivieren. Er benutzte mindestens eine Sklavin auch zu ganz persönlichen Zwecken: Moderne DNA-Analysen lassen keine Zweifel daran, dass er mit seiner Sklavin Sally Hemmings mindestens fünf Kinder zeugte. Sexuelle Ausbeutung schwarzer Sklavinnen gehörte gewissermaßen zur DNA der Sklaverei.

Die Vorteile, die sich aus dem Sklavensystem für ihn selbst ergaben, erkannte Jefferson just genau zu der Zeit, als sein Einsatz gegen die Sklaverei erlosch. Es gelang ihm nicht, sich über seine Zeit zu erheben. Andere schafften das, wie zum Beispiel George Washington, dem er den Tipp mit der Vier-Prozent-Dividende durch die »Negerkinder« gegeben hatte. Die Ironie ist, dass ausgerechnet dieser George Washington seine Sklaven befreite, und zwar genau aus dem Grunde, weil die Sklaverei Menschen zu einer Frage von Investitionen degradiert hatte, und das wollte George Washington nicht mehr mitmachen. Ihn widerte es an, wenn Sklaven wie Vieh auf dem Markt behandelt wurden. Es gab auch Menschen, die sich von Jeffersons wohlgeformten Aufrufen gegen Sklaverei aus den 1770er- und 80er-Jahren inspirieren ließen und den Kampf gegen diese Sklaverei aufnahmen. Thomas Jefferson selbst gehörte nicht dazu. Er besaß Sklaven und er handelte nicht nach seinen eigenen Worten, dass alle Menschen gleich geschaffen seien. Wahrscheinlich wusste er, dass Sklaverei falsch war und dass es falsch war, von der Institution der Sklaverei zu profitieren, aber er war zu schwach, sich selbst von der Versklavung anderer Menschen zu befreien. In einem Brief an John Holmes schrieb er 1820, es sei mit der Sklaverei wie mit einem Wolf, den man an den Ohren festhalte: Man möchte gerne loslassen, könne das aber nicht aus der Angst heraus, selbst gefressen zu werden. Und so muss man dem Abolitionisten Moncure Conway aus Virginia recht geben, der Jeffersons Ruf als potenzieller Emanzipator schon im

19. Jahrhundert kritisierte und verächtlich bemerkte: »Nie hat ein Mann mehr Ruhm für das erlangt, was er nicht getan hat.«

Coco Chanel

Mode-Ikone und Liebling der Stars

Sie soll mit einem gesunden Selbstbewusstsein von sich selbst behauptet haben, die Mode erfunden zu haben. Unbestritten ist auf jeden Fall, dass Coco Chanel die bekannteste Modedesignerin des 20. Jahrhundert war, die die Damenmode revolutionierte und das berühmteste Parfum der Welt kreierte sowie einen großen Anteil am Aufstieg von Paris zur Modemetropole schlechthin hatte. Von dem französischen Dichter André Malraux ist der Ausspruch überliefert: »Drei Namen aus diesem Jahrhundert werden wir in Frankreich nie vergessen: de Gaulle, Picasso, Chanel.«

In die Wiege gelegt wurde dieser erstaunliche Erfolg der 1883 als Gabrielle Chasnel Geborenen nicht, denn diese Wiege stand im Armenhaus von Saumur. Aus kleinen Verhältnissen stammend arbeitete sie zunächst als Verkäuferin, wurde dann aber mit 23 Jahren die Mätresse des reichen Industriellen Étienne Balsan. Durch ihn bekam sie Zutritt zur französischen Oberschicht und entwarf zugleich die zum Leben der reichen Frauen passende Kleidung, die sich dadurch auszeichnete, dass sie für damalige Verhältnisse ungewöhnlich lässig und bequem war. 1909 eröffnete sie mit Balsans Geld ein Hutatelier in Paris – der Einstieg in die Modeszene war geschafft. Chanel hatte ein auffallend glückliches Händchen bei der Auswahl ihrer Liebhaber. Ihr nächster Geliebter, der britische Industrielle Arthur Capel, finanzierte ihr 1913 die Eröffnung ihres ersten Modesalons im französischen Seebad Deauville. Dieses Jahr gilt seitdem als Gründungsjahr des Hauses Chanel.

Schnell baute sie ihr Unternehmen aus. 1916 beschäftigte sie bereits 300 Näherinnen, zwei Jahre später eröffnete sie in der Pariser Rue Cambon ihren Haut-Couture-Salon. Ihre zurückhaltenden Kreationen kamen an, für die amerikanische *Vogue* waren sie bereits 1918 der »Inbegriff der Eleganz«. In den Zwanzigerjahren erschuf sie das Cocktailkleid, auch unter dem Namen das »kleine Schwarze« bekannt. Seit Anfang der Dreißigerjahre trugen Hollywood-Stars wie Marlene Dietrich und Greta Garbo ihre Kostüme und vermehrten ihren Ruhm. Schon 1924 gründete sie gemeinsam mit der jüdischen Familie Wertheimer die Parfumsparte Chanel, an der sie zehn Prozent Anteile hielt. Das berühmteste Parfum der Welt, Chanel N°5, hatte sie zuvor gemeinsam mit dem Parfumeur Ernest Beaux entwickelt. Es wurde zu einer gigantischen Erfolgsgeschichte. Nach Angaben des Unternehmens wird noch immer alle 30 Sekunden irgendwo auf der Welt ein Flacon verkauft.

Coco Chanel 1883–1971

Ihr Modeunternehmen beschäftige 1936 bereits 4000 Angestellte. Nach dem Ausbruch des Zweiten Weltkrieges schloss sie es zunächst und zog sich aus dem Geschäft zurück, aber im Laufe des Krieges kehrte sie nach Paris zurück und öffnete es wieder. 1954 startete sie ein Comeback als Modeschöpferin, das nach anfänglichen Schwierigkeiten ein großer Erfolg wurde. Viele Frauen, darunter Stars wie Marlene Dietrich, Brigitte Bardot, Grace Kelly, Romy Schneider und Elizabeth Taylor, trugen ihre Tweed-Kostüme. Zu ihren Freunden und Bewunderern zählten viele Berühmtheiten aus der Kunstszene, darunter Pablo Picasso, Jean

Cocteau, Maurice Ravel und Jean Renoir. Als sie 1971 starb, trug die internationale Modewelt Trauer.

Der hässliche Geruch des Verrats

Am Abend des 24. August 1944 erreichten die ersten französischen Truppen den Stadtrand von Paris, einen Tag später kapitulierten die letzten verbliebenen Wehrmachtseinheiten und wiederum einen Tag darauf zog General Charles de Gaulles triumphierend über die Champs-Élysées bis zur Kirche Notre-Dame, wo anlässlich der Befreiung nach vierjähriger Besatzung ein feierlicher Gottesdienst begangen wurde. Anschließend hielt de Gaulle eine Rede und rief unter dem Jubel der Masse: »Paris! Verwüstetes Paris! Geschändetes Paris! Gemartertes Paris! Aber befreites Paris!« Für die meisten Pariserinnen und Pariser war dies ein Tag der Freude. Aber nicht für alle. Und zu denen, welche die Freude der großen Mehrheit nicht teilten, gehörte Coco Chanel. Missmutig beobachtete die Mode-Ikone von der Wohnung eines befreundeten Ehepaars de Gaulles Zug über die Champs-Élysées. Sie wusste, dass sie sich in den Augen vieler Franzosen während der Besatzungszeit schuldig gemacht hatte – schuldig der Kollaboration mit den Deutschen. Öffentlich war sie in den USA bereits 1942 als »horizontale Kollaborateurin« bezeichnet worden. Und dass sie auf der schwarzen Liste der französischen Résistance stand, also zu den

Prominenten gehörte, mit denen die Freiheitskämpfer nach der Vertreibung der Besatzer abrechnen wollten, war ihr klar. Die Résistance ging nicht zimperlich vor. In den unmittelbaren Wochen und Monaten nach der Befreiung wurden zwischen 30 000 und 40 000 Kollaborateure kurzerhand umgebracht. Chanels schlimmste Befürchtungen schienen wahr zu werden, als sie zwei Wochen nach de Gaulles Rede verhaftet wurde.

Im Bett mit dem Feind

Wie konnte es so weit kommen? Wieso hatte sich die berühmte Mode-Ikone, die doch eigentlich nichts anderes tat, als Frauen einzukleiden und sie in ein die Sinne betörendes Odeur zu hüllen, dermaßen die Wut der Résistance-Kämpfer auf sich gezogen, dass sie jetzt um ihr Leben fürchtete? Alles begann im Frühjahr 1940, als Frankreich nach einem Durchmarsch der deutschen Wehrmacht bis nach Paris kapitulierte und ins Chaos verfiel. Für Coco Chanel war diese Kapitulation ein »Verrat« der führenden Politiker an ihrem Heimatland. Nachdem sie zunächst in den von den Deutschen unbesetzten Süden des Landes zu Verwandten geflohen war, kehrte sie im Herbst zurück in die Hauptstadt. Paris war eine besetzte Stadt und die Deutschen zeigten den Franzosen bei jeder Gelegenheit demonstrativ, dass sie die Sieger waren. Chanel musste sich neu orientieren. Sie dachte nicht daran, unter den gegebenen Umständen neue Kleider zu entwerfen. Ihre

Klage, sie müsse sich stark einschränken, war trotzdem ziemlich wohlfeil, immerhin lebte sie von den Einnahmen von Chanel N°5, die nach wie vor üppig auf ihre Konten sprudelten.

Bei Chanel drehte sich zu dieser Zeit fast alles um ein Ziel: Sie wollte unbedingt ihren geliebten Neffen André Palasse befreien, der in deutsche Kriegsgefangenschaft geraten war. Jeder durchschnittlichen französischen Frau wäre es völlig unmöglich gewesen, das zu erreichen. Aber Coco Chanel war keine durchschnittliche Französin. Sie war eine Berühmtheit, auch in Deutschland, wo sich die Volksgenossinnen nach der Ideologie der Nationalsozialisten eigentlich weder in modische Kleider aus Paris noch in den Duft eines teuren Parfums hüllen sollten. Aber daran hielten sich viele Frauen nicht, schon gar nicht diejenigen der führenden Nazi-Bonzen. Ihre Berühmtheit wollte Chanel nutzen, denn sie wusste, dass sie ihr Ziel nur über die Bekanntschaft eines wichtigen deutschen Amtsträgers erreichen konnte. Also kehrte sie nach Paris zurück.

Chanel war zu diesem Zeitpunkt 57 Jahre alt und noch immer eine attraktive Frau, welche die Blicke der Männer auf sich zog. Sie hielt Ausschau nach Nazi-Funktionären, die ihr helfen konnten, und traf auf Hans Günther Freiherr von Dincklage. Er war 13 Jahre jünger als sie, sah gut aus, hatte blendende Umgangsformen – aber vor allem arbeitete er als Geheimagent der militärischen Abwehr von Admiral Wilhelm Canaris und als Sonderbeauftragter für das deutsche Propagandaministerium von Joseph Goebbels. Schon vor dem Krieg hatte sich Dincklage unter die deutschen Emigranten im südfranzösischen Sanary-sur-Mer gemischt, wo er sich als einer der ihren ausgab, weil er mit einer »Halbjüdin« verheiratet war. Tatsächlich arbeiteten er und seine Frau für das Deutsche Reich als Spione. Später war es unter anderem seine Aufgabe, unter französischen Intellektuellen in Paris Sympathien für Nazi-Deutschland zu schüren. Seine Wühltätigkeiten waren dem französischen Geheimdienst bekannt. Dieser Mann war genau der, den Coco Chanel für ihre Mission, ihren Neffen zu befreien, benötigte. Beide lernten sich kennen – und verliebten sich ineinander. Chanel sollte in den kommenden Jahren von der Liaison zu ihrem bestens vernetzten Freund, der nach dem Beginn des Krieges seine Befehle vom Reichssicherheitshauptamt (RSHA), der Terror-Zentrale in Berlin, empfing, profitieren.

Zunächst besorgte er ihr eine Zwei-Zimmer-Suite im noblen Hotel Ritz, das bis auf wenige Ausnahmen hohen Vertreten der deutschen Besatzungsbehörden vorbehalten war. Hier lebte sie fortan und konnte es sich gutgehen lassen, während die große Mehrheit der Pariserinnen und Pariser im kalten Winter 1941/42 bitteren Hunger litt und fror. Für die wenigen Privilegierten wie Chanel habe sich das Paris zu Kriegszeiten nicht sehr von dem im Frieden unterschieden, schreibt ihr Biograf Hal Vaughan. Die Hautevolee habe ähnlich weitergelebt wie vor dem Krieg. Chanel ging selten in die florierenden Nachtclubs und Cabarets oder zu den zahlreichen großen Abendgesellschaften. Sie bevorzugte kleine Diners, zu denen sie ihre prominenten, in vielen Fällen deutschfreundlichen Freunde in ihre Wohnung einlud. Diese hatte sie behalten, nur zum Schlafen begab sie sich in ihre Suite im Ritz, das nur wenige Schritte entfernt lag. »Spatz«, so lautete der Spitzname Dincklages, war immer an ihrer Seite. Häufig traf sie sich mit dem deutschen Botschafter Otto Abetz, der sie und andere Mitglieder der Pariser Crème de la Crème zu üppigen Diners in seine mondäne Pariser Residenz einlud. Diese Abende boten Chanel eine gute Gelegenheit, wichtige Funktionäre der deutschen Besatzungsbehörden kennenzulernen. Ihre Freundin Josée Laval, die Tochter des Ministerpräsidenten Pierre Laval, der mit der deutschen Regierung kooperierte, schwärmte: »Champagner floss in Strömen und die deutschen Offiziere, angetan mit makellosen Uniformen und weißen Krawatten, sprachen ausnahmslos Französisch. Zusammen mit Freunden und unseren neuen Gästen, den Deutschen, hatte das gesellschaftliche Leben wieder begonnen.« Und Chanel war mittendrin – lange her waren die Zeiten, in denen sie sich über den »Verrat« an Frankreich wegen der Kapitulation empört hatte. Die Gegenwart wurde von den Deutschen dominiert und es schien so, als würde sich das in der Zukunft nicht ändern. Also arrangierte sich Coco Chanel und es sollte gewiss nicht zu ihrem Nachteil sein. Dass zur selben Zeit die Pariser keine Kohle zum Heizen hatten, der Strom häufig abgeschaltet wurde, alle Versorgungsgüter rationiert wurden und dass viele Pariserinnen und Pariser unter Hunger litten, weil die deutschen Besatzer das so wollten – davon bekam Chanel nichts mit. Ihr guter Bekannter Otto Abetz wurde nach dem Krieg wegen seiner Beteiligung an der Deportation Tausender Juden und an der Zwangsrekrutierung von französischen Fremdarbeitern 1949 zu 20 Jahren Zwangsarbeit verurteil, allerdings 1954 entlassen.

Anfang 1941 reiste Dincklage nach Berlin, wo ihm eine für einen Offizier der Abwehr ungewöhnliche Ehre zuteil wurde: Er wurde vom »Führer« Adolf Hitler empfangen, in dessen persönlichem Auftrag er anschließend nach Paris zurückkehrte. Das zeigt, dass Dincklage eine gewichtige Rolle spielte. Bei aller Liebe, die Coco Chanel ehrlich für ihn empfand, konnte sie doch auch konstatieren, dass sie auf das richtige Pferd gesetzt hatte. Noch immer hoffte sie auf die baldige Freilassung ihres inzwischen erkrankten Neffen. Sie hatte aber mittlerweile noch ein zweites Ziel: Sie wollte in den Besitz von Les Parfums Chanel kommen, denn das Unternehmen warf regelmäßig viel Geld ab. Als Hebel sah sie ausgerechnet die antisemitische Gesetzgebung in Deutschland. Denn Pierre Wertheimer, mit dem sie einst gemeinsam das Unternehmen gegründet hatte, war Jude und 1940 in die USA emigriert. So hoffte Chanel, die Deutschen würden ihr dabei behilflich sein, das Unternehmen an sich zu reißen. Sie hatte also keinerlei Hemmungen, die brutale antijüdische Politik der Nationalsozialisten für ihre geschäftlichen Zwecke zu nutzen.

Vermutlich hatte Dincklage in Berlin das Thema angesprochen und ihm war signalisiert worden, dass man seiner Freundin helfen würde – natürlich bei einer entsprechenden Gegenleistung. Chanel war für den deutschen Geheimdienst die perfekte Kandidatin für eine Anwerbung: Sie brauchte etwas, das ihr die Abwehr liefern konnte, und sie besaß beeindruckende Verbindungen nach London, Paris und ins neutrale Spanien. Denn die Deutschen wussten natürlich, dass sie zwei sehr interessante persönliche Freunde hatte. Der eine war Hugh Grosvenor, der Herzog von Windsor, ein deutschfreundlicher, antisemitischer Anhänger rechter Gruppierungen in England. Zwischen 1925 und 1930 hatte er mit Chanel eine Beziehung gehabt. Über ihn hoffte Berlin, Einfluss auf wichtige politische Kreise in London nehmen zu können, die auf einen Friedensschluss zwischen dem Dritten Reich und Großbritannien hinarbeiten könnten. Neben dem Herzog gab es ein weiteres absolutes Schwergewicht der britischen Politik, zu dem Chanel seit den Zwanzigerjahren gute Beziehungen pflegte: Winston Churchill, der seit Mai 1940 britischer Premierminister war. Keine Frage also, dass Coco Chanel für die deutsche Seite von so großem Interesse war, wie das umgekehrt auch galt.

Ein führender Offizier der deutschen Abwehr in Paris, Otto Niebuhr, traf sich im Frühjahr 1941 mit Coco Chanel und vereinbarte mit ihr eine Reise nach Madrid. Ihr ausdrücklicher Auftrag war, im neutralen Spanien an für die Deutschen interessante Nachrichten zu gelangen. Auch eine Reise nach England, wo sie Winston Churchill treffen könnte, wurde diskutiert. Sie wurde offiziell als Agentin mit der Nummer F-7124 in die Registratur der Abwehr aufgenommen. Ihr Codename »Westminister« war sicher eine Anspielung auf ihren Bekannten, den Duke of Westminster.

Am 5. August 1941 startete sie schließlich mit dem Zug zu ihrer Mission in Madrid. An ihrer Seite befand sich der zwielichtige frühere Gestapo- und jetzige Abwehragent, der Franzose Baron Louis Piscatory de Vaufreland. Zu ihrem mehrwöchigen Aufenthalt in der spanischen Hauptstadt existieren bis auf eine Ausnahme keine Akten mehr, sodass nicht wirklich nachzuvollziehen ist, was genau Chanel dort tat und wen sie traf. Der einzige erhaltene Bericht eines britischen Diplomaten legt nahe, dass sie den Kontakt zu den Engländern suchte und offensichtlich bemüht war, einen Besuch in London vorzubereiten, wo sie sicher auf ein Treffen mit Churchill hoffte. Die Abwehr in Berlin war offensichtlich zufrieden mit ihrem Besuch und entließ ihren Neffen André Palasse nach Frankreich.

Nun konnte Chanel sich an ihr zweites Ziel machen: das Parfum-Unternehmen vollständig in ihren Besitz zu bekommen. Und sie war bereit, die »arische« Karte zu spielen, um an ihr Ziel zu gelangen. Ihre wichtigste französische Biografin Edmonde Charles-Roux schreibt, sie habe die Ausgebeutete gespielt … »und der Wertheimer-Clan würde schon sehen, aus welchem Holz sie geschnitzt war. Sie war Arierin, die Wertheimers nicht. Sie war in Frankreich, die anderen in den Vereinigten Staaten. Als Emigranten … Juden. Kurz gesagt, in den Augen der Besatzungsmacht gab es nur sie.«

Über Freunde unter den Besatzungsbehörden in Paris lernte sie Ende 1941 oder Anfang 1942 Kurt Blanke kennen, der im Hotel Majestic eine Dienststelle leitete, welche die Beschlagnahmung jüdischen Eigentums betrieb. Blanke spielte bis zum Ende der deutschen Besatzung eine Schlüsselrolle bei der »Entjudung«, also bei der Übertragung jüdischen Eigentums in »arische« Hände. Nun sollte er auch »Les Parfums Chanel« »arisieren«. Chanel ging hemmungslos vor, machte sich die Arisierungsgesetze des Dritten Reichs zunutze und bediente sich der deutschen Besatzungsbehörden, um die rechtmäßigen Eigentumsansprüche eines französischen Landsmannes zu ihren Gunsten zu beseitigen. Blanke war auch willens, ihr zu helfen. Aber sie hatte die Rechnung ohne Pierre Wertheimer und seinen Bruder Paul gemacht. Denn vor ihrer Flucht in die USA 1940 hatten sie das Unternehmen unter die Kontrolle eines Freundes, des französischen Geschäftsmanns Felix Amiot, gestellt, der sein Geld mit dem Bau von Flugzeugen machte, die bei dem deutschen Luftwaffenchef Hermann Göring hoch im Kurs standen. Amiot war christlichen Glaubens und »arisch« – so konnten die NS-Behörden nichts gegen ihn unternehmen. Nach dem Krieg gab er wie vereinbart das Unternehmen wieder an die Wertheimers zurück, wenn auch erst nach einem Rechtsstreit. Zudem war es dem Vizepräsidenten der Parfümfirma Bourjois, Herbert Gregory Thomas, die den Wertheimers gehörte, in einer gefährlichen Geheimmission gelungen, die Formel von Chanel N° 5 an sich zu nehmen und in die USA zu schaffen. Darüber, wie er das bewerkstelligte, bewahrte Thomas bis zu seinem Tod 1990 Stillschweigen. Coco Chanel war ausgetrickst worden, das musste sie sich wutschnaubend eingestehen. Dass die Wertheimers de Gaulle finanziell unterstützten, empörte Chanel noch zusätzlich.

»Operation Modellhut«

Anfang 1943 war nicht mehr zu übersehen, dass die Pariser, die sich bis dahin wenig gegen die deutsche Besatzung aufgelehnt hatten, mehr und mehr begannen, ihre Unzufriedenheit, ihren Hass auf die Deutschen zu zeigen. Die Résistance wurde immer aktiver und die Stimmung in der Bevölkerung, die in diesem kalten und nassen Winter besonders schlimm an Hunger litt, gegen die Besatzer wurde immer aggressiver und feindseliger. Es war kein Geheimnis, dass der deutsche Vormarsch an den verschiedenen Fronten nicht nur gestoppt war, sondern dass die Wehrmacht mehr und mehr in die Defensive geriet. Chanels Freund »Spatz« hielt sich Anfang des Jahres in Berlin auf und konnte dabei die Zerstörungen durch die alliierten Bombenangriffe nicht übersehen. Es wurde Zeit, sich zu überlegen, was passieren würde, falls die Wehrmacht ihre Stellungen nicht würde halten können. Denn in diesem Fall drohte die Rache der Résistance.

Dincklage und Chanel heckten gemeinsam einen Plan aus. Coco könnte doch erneut nach Madrid reisen und sich dort mit ihrem Freund, dem britischen Botschafter Sir Samuel Hoare, treffen. Ihn könnte sie davon überzeugen, auf ihren zweiten Freund, den Herzog von

Windsor, einzuwirken, um wiederum einen direkten Kontakt zwischen ihr und Winston Churchill, ihrem dritten Freund, herzustellen. Den Premierminister wollte sie davon überzeugen, einen Separatfrieden mit Deutschland auszuhandeln, denn andernfalls drohe in Berlin ein Putsch mit dem Ergebnis, dass Deutschland und in der Folge ganz Europa an die Sowjetunion fallen würden. Das aber war eine Horrorvision für Churchill. Dincklage konnte seinen Vorgesetzten in Berlin und Paris im Laufe der nächsten Monate diesen Plan näherbringen. Im Herbst erfuhr Dincklage, dass Walter Schellenberg an dem Vorschlag Interesse hatte. Schellenberg war nicht irgendwer. Der SS-Brigadeführer war Leiter des Auslandsnachrichtendienstes im Amt VI des Reichssicherheitshauptamtes, sein oberster Dienstherr war SS-Chef Heinrich Himmler. Im NS-Sicherheitsapparat gehörte der 33-Jährige zur absoluten Spitze.

Die bald deutscherseits intern sogenannte »Operation Modellhut« kam schließlich in Gang. Im Herbst 1943 traten Chanel und Dincklage gemeinsam die Reise nach Berlin an, um Walter Schellenberg zu treffen. Wie bevorzugt sie behandelt wurde, zeigt die Tatsache, dass der hohe Nazi-Funktionär sie mit vier Limousinen am Bahnhof Zoologischer Garten abholen und zu einer Villa am Stadtrand von Berlin bringen ließ, in dem das Treffen stattfinden sollte. Dabei handelte es sich um die Villa Malier, das luxuriöse Gästehaus der SS, direkt am Wannsee gelegen. Hier hatte im Januar 1942 die berüchtigte »Wannsee-Konferenz« stattgefunden, auf der führende NS-Funktionäre die Organisation der Vernichtung der Juden in Europa besprochen hatten. Es ist zwar äußerst unwahrscheinlich, dass Coco Chanel das wusste, aber es zeigt, mit wem sie sich eingelassen hatte. Bei ihrem Treffen kamen Chanel und Dincklage mit Schellenberg überein, dass die beiden Besucher umgehend erneut nach Madrid reisen sollten. Schellenberg erhoffte sich von Chanels alter Freundschaft zu Winston Churchill eine Kontaktaufnahme zum britischen Premierminister und Chanel erklärte sich bereit, dafür zu sorgen. Sie hatte aber eine Bedingung: Die Deutschen sollten eine inhaftierte Freundin Chanels, zu der sie früher eine lesbische Beziehung unterhalten hatte, freilassen. Die Frau mit Namen Vera Lombardi war zwar gebürtige Engländerin, aber eine seit Langem eingebürgerte Italienerin. Sie stand bei den Deutschen im Verdacht, eine britische Spionin zu sein. Sie war es, die viele Jahre zuvor Coco Chanel und Winston Churchill miteinander bekannt gemacht hatte. Schellenberg stimmte zu. Lombardi wurde auf freien Fuß gesetzt und begab sich bald mit Unterstützung der Deutschen nach Madrid. Dass sie noch eine entscheidende Rolle für die »Operation Modellhut« spielen würde, konnte niemand ahnen.

Nachdem der Pariser Gestapochef Karl Bömmelburg persönlich Chanels und Dincklages Pässe ausgestellt hatte, fuhren beide Ende 1943 oder im Januar 1944 nach Madrid. Doch ihren Plan, von hier aus in Kontakt mit Churchill zu treten, scheiterte. Der Grund war Vera Lombardi. Kaum in Madrid angekommen, denunzierte sie in der britischen Botschaft Chanel und Dincklage als deutsche Spitzel. Daraufhin musste die Mission sofort abgebrochen werden, Chanel und ihr Begleiter reisten nach Paris zurück. Nicht wenige Historiker sahen später in Schellenbergs Plan, sich mit Coco Chanels Unterstützung mit Churchill gegen die Sowjetunion zu verbünden, als hirnrissige Idee an. Das war sie auch, aber Schellenberg war schlecht informiert über Churchills grimmigen Entschluss, gegen Deutschland bis zu dessen »bedingungsloser Kapitulation« zu kämpfen.

Auch Coco Chanel waren die Straßen mit den zerstörten Häusern in Berlin natürlich nicht verborgen geblieben. Kurz vor ihrem Besuch bei Schellenberg hatten die Amerikaner und Engländer eine Reihe verheerender Angriffe auf Berlin geflogen, die ihre Spuren im Stadtbild hinterlassen hatten. Chanel war nicht dumm, sie musste mindestens ahnen, dass das Dritte Reich, mit dem sie sich verbündet hatte, diesen Krieg verlieren würde. Wenige Monate nach der gescheiterten Madrid-Reise begann auch mit dem D-Day, der Invasion in der Normandie vom 6. Juni 1944, der letzte Akt des Kampfes gegen Deutschland. Für Coco Chanel war die Aussicht auf die Befreiung Frankreichs, dessen Kapitulation sie 1940 noch als »Verrat« gebrandmarkt hatte, keine schöne Aussicht. Sie wusste, dass sie ins Visier der Résistance geraten war. Ängstlich verfolgte sie daher den Vormarsch der alliierten Truppen bis nach Paris, die Kapitulation der Deutschen am 25. August und den Einzug von General de Gaulle.

Der Mantel des Vergessens

Die Mitglieder der Résistance durchkämmten Paris nach möglichen Kollaborateuren und es war nur eine Frage der Zeit, bis sie auch an Coco Chanels Tür klingelten. Mitte September wurde sie verhaftet. Ihr Freund Dincklage war bereits nach dem gescheiterten Attentat auf Adolf Hitler vom 20. Juli untergetaucht. Aber Coco Chanel hatte Glück. Die jungen Männer der Forces Francaises de l'interieur (FFI), die Chanel verächtlich nur »Fifis« nannten, hatten keine Unterlagen über die geheimen Aktivitäten der Mode-Ikone während der Besatzungszeit, insbesondere wussten sie nichts von der »Operation Modellhut«. Sie mussten sie nach einem mehrstündigen Verhör wieder gehen lassen. Chanel, die ja wusste, was sie getan hatte, war der Ansicht, dass Winston Churchill sie aus den Klauen der Widerstandskämpfer befreit habe. Tatsächlich dürfte der Premier seine Finger im Spiel gehabt haben, denn Historiker gehen davon aus, dass er Duff Cooper, seinen Botschafter bei de Gaulle, dem neuen Herrn Frankreichs, angewiesen habe, sich für ihre Freilassung starkzumachen. Churchill könnte nicht nur aus freundschaftlichen Gefühlen geleitet worden sein. Ihm war klar, dass Coco Chanel viel über die nazifreundlichen Mitglieder des Herrscherhauses Windsor erzählen könnte. Und das war ein Thema, das er keinesfalls öffentlich diskutiert wissen wollte.

Chanel floh nach Lausanne und lebte hier sowie in Genf und St. Moritz. Dincklage folgte ihr bald und die beiden blieben noch einige Jahre ein Paar. Dann verließ er sie und Chanel suchte Trost im Kokain. Aber schon 1946 drohte ihre Vergangenheit sie doch noch einzuholen. Im Mai 1946 wurde in Paris am Gerichtshof ein Verfahren gegen sie eröffnet. Merkwürdigerweise sind die entsprechenden Akten dazu aus dem Nationalarchiv verschwunden, lediglich eine Registrierkarte mit ihrem Namen und der Bezeichnung »art 75 I 4787« ist erhalten geblieben. Sie ist ein Beleg dafür, dass die Akte im Zusammenhang mit dem Spionageparagrafen des französischen Strafgesetzbuches steht und dass ein Verfahren gegen Chanel wegen ihrer Beziehungen zum Feind in Kriegszeiten eröffnet worden war. Der Untersuchungsrichter hatte Unterlagen aus Deutschland vorliegen, aus denen klar hervorging, dass Chanel eine Agentin der deutschen Abwehr mit der Nummer F-7124 war und den Decknamen »Westminster« getragen hatte. Ein paar Monate wich sie der Vorladung durch das Gericht aus, denn sie fürchtete nicht zu Unrecht, dass sich die Schlinge jetzt doch um ihrem Hals zuziehen könnte, schließlich kannte niemand besser die Wahrheit als sie selbst. Da aber keine von Chanel verfassten Berichte für die Deutschen gefunden wurden, wurde auf einen Haftbefehl verzichtet.

Schließlich kam sie im Mai 1946 der Vorladung doch nach. Der zuständige Richter kannte die Aussage des bei den Amerikanern inhaftierten Barons de Vaufreland, der Chanel belastete und unter anderem von ihren persönlichen Kontakten zu einem Offizier der deutschen Abwehr berichtete. Doch Chanel wies alle Vorwürfe gegen sich strikt zurück. Niemals habe sie einen Offizier der deutschen Abwehr getroffen – eine glatte Lüge. Ihre Reise nach Madrid 1941 gemeinsam mit Vaufreland habe sie gemacht, um Rohstoffe für die Parfumherstellung zu kaufen, und Vaufreland habe sie zufällig auf der Fahrt im Zug kennengelernt – zwei weitere Lügen. Ebenso wenig sei sie von den Deutschen bei ihrer Reise nach Madrid unterstützt worden. Sehr genau hakten die Richter nicht nach. Aber Chanels größtes Glück war, dass sie keine Ahnung von der »Operation Modellhut« hatten. Während Vaufreland später zu einer mehrjährigen Gefängnisstrafe verurteilt wurde, reiste Coco Chanel nach ihrer Vernehmung still und heimlich zurück nach Lausanne, wo sie sich in Sicherheit vor der Verfolgung durch französische Behörden wusste. Ihre Verstrickung war kein Thema für die französische Presse, denn die Franzosen wurden damals von den ständigen Berichten über die Kriegsverbrechen der Deutschen in Atem gehalten. Aber es bleibt auch festzuhalten, dass es in Frankreich ganz einfach kein Interesse daran gab, die Stil-Ikone Coco Chanel mit Fakten über ihre unrühmliche Vergangenheit und über ihren Verrat an Frankreich zu behelligen. Als sie 1954 mit einer neuen Kollektion ihr Comeback startete, war diese Vergangenheit überhaupt kein Thema.

Allerdings gab es noch eine Gefahr: Walter Schellenberg. Der hochrangige SS-Mann wurde im Nürnberger Hauptkriegsverbrecherprozess verurteilt und ins Gefängnis gesteckt, aber 1951 entlassen, weil er an einem unheilbaren Leberleiden litt. Schellenberg wusste alles über die »Operation Modellhut« und war somit eine tickende Zeitbombe für Chanel. Während seiner Haft in Nürnberg hatte er seine Memoiren geschrieben, die er jetzt, nach seiner Entlassung, überarbeitete und dann als Buch herausbringen wollte, in dem er sich als Heinrich Himmlers rechte Hand darstellte. Bei Coco Chanel schrillten die Alarmglocken. Wenn er über die »Operation Modellhut« berichtete, würde sie in Frankreich nie wieder einen Fuß auf den Boden bekommen, das war ihr nur zu klar. Sie musste handeln – und das tat sie auch. Zunächst finanzierte sie Schellenberg und seiner Frau die Unterbringung in einem schönen Haus mit Seeblick in der Schweiz. Nach seiner Ausweisung aus der Schweiz und seinem Umzug nach Italien, wo er fortan am Lago Maggiore lebte, bezahlte sie auch seine teure medizinische Behandlung gegen sein Leberleiden, die er sich selbst nicht leisten konnte. Aber einige Monate später starb Schellenberg, und als seine Frau in Deutschland einen Verleger für sein Buch suchte, könnte Coco Chanel sie davon überzeugt haben, dass ihr Name in dem Buch nicht auftauchen würde, vermutet ihr Biograf, der frühere US-amerikanische Geheimdienstmitarbeiter Hal Vaughan. Schließlich hatte sie ihrem Mann doch geholfen – jetzt forderte sie die Gegenleistung ein. Mit Erfolg. Ihr Name tauchte in dem Buch Schellenbergs nicht auf.

Nach ihrem Tod 1971 war ihre Vergangenheit als Agentin der deutschen Abwehr jahrzehntelang kein Thema in Frankreich. Coco Chanel hatte nach dem Krieg ihr wichtigstes Kleidungsstück genäht: den Mantel des Vergessens. Erst als der Geheimdienstexperte Hal Vaughan tief in den Archiven nach Unterlagen forschte, holte er Dinge an das Licht der Öffentlichkeit, welche die Ikone Coco Chanel nicht mehr so hell leuchten lassen wie früher. Nicht einmal Chanel N°5 kann den hässlichen Geruch des Verrats an ihrem Heimatland vergessen machen.

Christoph Kolumbus

Entdecker und »Admiral des Weltozeans«

Er hatte eine Vision, von der er trotz widriger Umstände niemals abließ; er verfolgte seinen Plan mit großer Hartnäckigkeit und glaubte bis zu seinem Lebensende, er habe sein Ziel erreicht: das Finden einer westlichen Schifffahrtsroute von Spanien nach China. Obwohl längst bekannt ist, dass er sich irrte, wird er weltweit bis heute von vielen als großer Entdecker gefeiert. Denn statt in China landete Christoph Kolumbus 1492 auf den dem amerikanischen Kontinent vorgelagerten Bahamas. Das macht ihn in den Augen seiner Anhänger zum Entdecker Amerikas. Zahlreiche Denkmäler, Plätze und Straßen erinnern an ihn, sogar ein Land – Kolumbien – wurde nach ihm benannt.

Zugegeben – seine große Tat besteht auf einem Missverständnis, aber im Ergebnis war Kolumbus der erste Europäer, der seit vielen Jahrhunderten den Atlantik überquerte. Auch wenn er heute kaum noch als der Entdecker Amerikas gelten kann, sondern eher als der Wiederentdecker, weil vermutlich in früheren Zeiten schon andere Menschen über den Seeweg zum Kontinent auf der anderen Seite des großen Teiches gelangt waren, so war seine erste Fahrt 1492 zweifellos eine beeindruckende Tat, die Europas Wirtschaft ganz neue Möglichkeiten bieten sollte.

Dabei war es ein steiniger Weg bis zu jenem 12. Oktober des Jahres 1492, als er erstmals einen Fuß auf den Boden der Neuen Welt setzte. Geboren vermutlich in Genua – vieles über Kolumbus' Herkunft liegt im Dunkeln der Geschichte und einige Städte beanspruchen, sein Geburtsort zu sein –, fuhr der Sohn eines Wollwebers nach eigenen Angaben schon mit 14 Jahren zur See und erreichte 1477 auf einer Nordatlantikfahrt Grönland. Fünf Jahre später nahm er an einer Fahrt an der westafrikanischen Küste teil.

Kolumbus siedelte sich in Lissabon an, denn Portugal war zu der Zeit die führende Macht zur See. Die Seemächte suchten damals nach einem Seeweg nach China. Kolumbus war fasziniert von der Idee, dass man nach China im Osten auch gelangen könne, wenn man mit dem Schiff nach Westen segelte. Denn er war der Auffassung, dass die Erde eine Kugel sei. Weil er das portugiesische Königshaus nicht überzeugen konnte, ging er 1485 nach Spanien und wandte sich an das spanisch-kastilische Königspaar Ferdinand II. von Aragón und Isabella I. von Kastilien. Vor allem bei der Königin fand er Gehör, aber es dauerte dennoch sieben Jahre, bis er im Auftrag der Herrscher und finanziert von Freunden auf seine Entdeckungsfahrt starten konnte, die ihn in die Geschichte eingehen ließ.

Christoph Kolumbus 1451–1506

Am 3. August stach er mit drei Schiffen von Palos de la Frontera in See und erreichte nach einer schwierigen Fahrt am 12. Oktober die Neue Welt. Es war nicht, wie Kolumbus glaubte, China, das er betrat, sondern eine Insel, die von ihren Bewohnern Guanahani genannt wurde, heute unter dem Namen Samana Cay bekannt ist und zu den Bahamas gehört. Im weiteren Verlauf dieser Reise entdeckte er Kuba und die Insel La Hispaniola, die größte Insel der Antillen, auf der heute die Staaten Haiti und Dominikanische Republik liegen. Hier gründete er La Navidad, eine Festung, welche die erste spanische Kolonie in der Neuen Welt wurde.

Nach seiner Rückkehr nach Spanien wurde er auf einem Triumphzug durch das Land gefeiert. Seine ihm zuvor verliehenen Titel »Vizekönig« und Gouverneur der entdeckten Gebiete sowie der gut ausgehandelte finanzielle Anteil an den erhofften Goldfunden wurden ihm bestätigt. Zusätzlich bekam er den Titel »Admiral des Weltozeans«. Kolumbus ging noch auf drei Fahrten für weitere Entdeckungen. Erst während der vierten Reise betrat er in Mittelamerika zwischen Honduras und Panama amerikanisches Festland.

Vor allem weil die riesigen Goldfunde, die er versprochen hatte, ausblieben und wegen brutaler Methoden gegenüber der indigenen Bevölkerung wurde er von seinen Ämtern abgesetzt. Er geriet in den letzten Jahren seines Lebens weitgehend in Vergessenheit, aber das änderte sich in den folgenden Jahrhunderten wieder. Schließlich setzte sich die oft romantisierte Sichtweise durch, er sei der Entdecker Amerikas – eine echte Lichtgestalt der Geschichte also. Oder?

Sklavenhändler und Menschenschinder

Als Kolumbus seine Idee verfolgte, mit dem Schiff westwärts über das große unbekannte Meer zu fahren, um das östliche China zu erreichen, war zweifelsohne eine gute Portion Entdecker- und Forschergeist im Spiel. Kolumbus war beseelt von dem Gedanken, diesen Seeweg zu erschließen. Aber das war nur die eine Seite der

Medaille. Die andere bestand in handfesten wirtschaftlichen Interessen. Kolumbus erhoffte sich riesige Goldvorkommen, die ihn, seine Begleiter und alle, die ihn unterstützten, reich machen würden – nicht zuletzt das spanische Königshaus, das einen immensen Geldbedarf hatte, weil es gerade dabei war, endgültig die islamischen Mauren aus dem Land zu werfen. Doch der Blick seiner Gönnerin Isabella I. ging viel weiter in die Zukunft. Sie erkannte, dass der Zugang zu Gold in unvorstellbaren Mengen die Macht Spaniens dauerhaft festigen würde. Ebenso würde der ungehinderte Zugang zu den Schätzen Chinas wie Seide oder Gewürze den Handel neu erblühen lassen und damit das Land stärker machen. Kolumbus wusste, dass er diese finanzielle und wirtschaftliche Seite stark hervorheben musste, um das Königshaus zu überzeugen, ihn zu unterstützen. Das galt auch für die Finanziers, die ihn mit den nötigen Geldmitteln für die Reise ausstatteten. Sie erwarteten natürlich eine ordentliche Rendite. Von Anfang an stand Christoph Kolumbus unter einem gehörigen Druck, dass seine Reise Ertrag bringen müsse. Es gab also eine dreifache Verlockung: Kolumbus erhoffte sich Reichtum und, wenn auch nicht an erster Stelle, den Ruhm des Entdeckers der Überfahrtroute. Und seine Unterstützer erwarteten große wirtschaftliche Vorteile und ein Anwachsen ihrer politischen Macht. Es ging, als Kolumbus am 3. August 1492 mit seinem kleinen Flagschiff »Santa Maria« sowie den beiden Karavellen Nína und Pinta von Palos de la Frontera bei Huelva aufbrach, also keineswegs nur um ideelle Ziele, nicht mal in erster Linie. Aber nur getragen vom Idealismus wäre Kolumbus eben auch niemals so weit gekommen, dass er überhaupt in See stechen konnte.

Am Anfang stand die Sklaverei

»Indien«, worunter man zu Kolumbus Zeiten praktisch ganz Asien verstand, also auch China, faszinierte viele Europäer, seit der Entdecker Marco Polo 1298/99 seinen berühmten Bericht über die Reise nach China verfasst hatte. Im 15. Jahrhunderte zeichnete sich in Europa immer stärker die Auflösung der feudalistischen Gesellschaftsform ab; das Prinzip Geld gegen Ware setzte sich mehr und mehr durch. Zugleich überbrückte der Handel immer größere Entfernungen. Aber Europa hatte zu dieser Zeit ein Problem: Weil der Islam sich im Osten immer weiter ausdehnte, war der Landweg nach Indien unsicher, wenn nicht unmöglich; die berühmte Seidenstraße, auf der über Jahrhunderte lukrativer Handel getrieben worden war, war versperrt. Das bedeutete schwere wirtschaftliche Verluste, denn aus Indien kamen Gewürze und wertvolle Güter wie Seide, auf die sich das Augenmerk des europäischen Adels richtete. Ab Mitte des 15. Jahrhunderts schaltete sich der Islam immer stärker auch als Zwischenglied in den Handel ein, um selbst davon zu profitieren. Vor allem die portugiesischen und spanischen Herrscher ließen daher nach einem Seeweg nach China, das man damals allgemein als Teil Indiens ansah, suchen. Das portugiesische Königshaus setzte auf eine Route, auf welcher der afrikanische Kontinent mit Schiffen umfahren werden konnte, und 1488 erreichte erstmals ein Seefahrer die Südspitze Afrikas. Neben Gold und Gewürzen stand von Anfang an auch der Handel mit Menschen als billigen Arbeitskräften im Fokus – darauf deuten schon die noch heute geläufigen Namen wie »Goldküste«, »Elfenbeinküste« und »Sklavenküste« hin. Portugal bekam Zugriff auf immer größer werdende afrikanische Gebiete – Spanien wollte unbedingt nachziehen.

Das war der Hintergrund von Kolumbus' Plan, per Schiff nach China beziehungsweise »Indien« zu fahren. Er hatte sich lange vorbereitet. So kannte er gut die unterschiedlichen Winde, die auf dem Atlantik herrschten, und wusste sie für die Hin- und Rückfahrt zu nutzen. Aber ihm unterliefen auch dramatische Fehlberechnungen über die zurückzulegenden Entfernungen. Er glaubte, er habe von den Kanarischen Inseln eine Strecke von rund 4500 Kilometer zurückzulegen – tatsächlich waren es 20 000. Und so kam Kolumbus, als er auf seiner ersten Fahrt 1492 auf Land stieß, zu dem Trugschluss, er habe ein paar Inseln erreicht, die dem chinesischen Festland vorgelagert seien und südöstlich von Cipango – Japan – liegen. Tatsächlich aber war er in einer ganz anderen Ecke der Welt. Ein Grund für diese Fehlberechnung war, dass Kolumbus zwar viele wissenschaftliche Bücher las, aber als eine seiner Hauptquellen die Bibel heranzog und sie nach allen möglichen Hinweisen durchsuchte. Das führte ihn auf den Holzweg. Kolumbus war von einem immer tiefer werdenden Glauben erfasst. Obwohl er nichts von der Behauptung hielt, nach der die Erde eine Scheibe sei – für ihn war sie eine Kugel, das war die Grundlage seines Plans –, nahm er Bibelstellen, die auf eine mögliche Überquerung des Atlantiks hindeuteten, für bare Münze. Das stieß selbst bei den Expertenkommissionen, die sowohl das portugiesische als auch das spanische Königshaus zur Beurteilung seiner Reisepläne einrichteten, auf Ablehnung. »Kolumbus bog sich seine Zahlen zurecht und passte somit die Wirklichkeit seiner Idee einer Atlantiküberquerung an«, schreibt Andreas Venzke, einer seiner zahlreichen Biografen.

Aber er kam nach einer dreimonatigen Überfahrt tatsächlich an, wenn auch nicht in Asien, wie er glaubte, und wenn auch nicht auf dem amerikanischen Festland. Das erste Aufeinandertreffen mit der indigenen Bevölkerung der »Neuen Welt« am Morgen des 12. Oktober 1492 muss eine groteske Szene gewesen sein. Kolumbus begab sich als nunmehriger Vizekönig ganz förmlich und in festlicher Kleidung an das Ufer und ließ das königliche Banner entfalten. So nahm er das Land ganz offiziell für die spanische Krone in Besitz. Es stand für ihn und seine Begleiter völlig außer Frage, dass das Land zukünftig als spanische Kolonie zu sehen sei. Irgendeine Berechtigung außer dem Besitzanspruch der Mächtigen gab es nicht und wurde auch gar nicht für nötig erachtet.

Die einheimische Bevölkerung begegnete den Fremden zunächst freundlich. Doch das sollte sich schon bald ändern – mit katastrophalen Folgen. Denn Kolumbus und seine Begleiter sahen die Männer, Frauen und Kinder von Anfang an als Untergebene oder Sklaven, mit denen sie Geld verdienen konnten. Das Einfangen, regelrechte Razzien und der Verkauf von Sklaven gehörte zum Geschäftsmodell, das Kolumbus schon vor seiner Abfahrt aus Spanien entwickelt hatte. Es ist also keineswegs so, dass er erst vor Ort und unter den schwierigen Umständen auf die Idee gekommen sei, mit Menschen Geld zu verdienen. Schon drei Tage nach seiner Ankunft notierte er in seinem Bordbuch zwar, dass er sich ein gutes Verhältnis zu den Eingeborenen wünsche, »da es sich um einen Stamm handelte, der eher durch Liebe als durch Gewalt zu unserem heiligen Glauben errettet und bekehrt werden kann«. Doch weiter hieß es, er könne auch die ganze Bevölkerung nach Spanien bringen oder vor Ort gefangen halten, wenn die Königin das befehle. »Mit fünfzig Mann können sie alle unterworfen und dazu gebracht werden, alles zu tun, was man von ihnen verlangt«, ergänzte er. Das entsprach dem Gedanken, die Indigenen frei nach Belieben für die eigenen Zwecke benutzen zu können, und es bedeutete den ersten folgenschweren Einschnitt im Verhältnis der Inselbewohner zu den Spaniern.

Dieses Verhalten ist bemerkenswert und wirft ein bezeichnendes Licht auf Kolumbus, denn die »große« Sklaverei spielte im 15. Jahrhundert in Europa kaum eine Rolle mehr. Im Mittelalter kam es zu Sklaverei in den Expansionsgebieten der Araber, Mongolen, Wikinger und Normannen, der Osmanen oder zwischen gegeneinander Krieg führenden islamischen Gruppen in Zentralasien sowie in den Hindu-Gebieten Indiens und Südostasiens. Auch in Nordeuropa und in Russland existierten gewisse Formen der Sklaverei, aber nur in sehr geringem Rahmen. In Süd- und Westeuropa trat Sklaverei nur noch in kleinem privaten Rahmen auf, schlimmstenfalls noch in der Form von Razzien-Sklaverei durch Piraten. »Allerdings war das alles nicht mehr verbunden mit den Transporten kriegsgefangener und versklavter Männer in großen Karavanen quer durch den Kontinent oder Schiffsladungen voller Versklavter. All das lernten die Europäer erst (wieder) in Afrika beziehungsweise an den Küsten Westafrikas«, schreibt Michael Zeuske, Historiker und Experte für Slavery Studies. Auch Kolumbus wandte diese Methoden auf seinen Fahrten an, denn sie waren eine wirtschaftliche Grundbedingung für seine Entdeckerfahrten. Mit der Gruppe von Atlantikexpansions-Kapitänen und Kaufleuten sei daher etwas Neues entstanden, erklärt Zeuske. »Dieses Neue war, um es sehr allgemein zu beschreiben, die Absicherung und Finanzierung eines gigantischen Expansions- und Landnahme-Prozesses durch menschliche Körper als Währung, Spekulationsobjekt …«

Und am Anfang dieser Entwicklung stand Christoph Kolumbus. Er ging so weit, 1494 angesichts der Schwierigkeiten, auf welche die Kolonialisten bei der Besiedlung des neu entdeckten Landes stießen, dem spanischen Herrscherpaar einen Handel vorzuschlagen: Rinder, Lebensmittel und Werkzeuge, die für die

Versorgung der Männer und den Bau von Häusern, Straßen, Häfen gebraucht wurden, gegen Sklaven von der Insel La Hispaniola. Das Könighaus lehnte allerdings ab. Als Kolumbus später 550 Sklaven nach Spanien verschiffte – von denen während der Überfahrt die Hälfte verstarb –, handelte er sogar gegen einen ausdrücklichen Befehl Isabellas. Die Königin hatte verboten, Menschen als Sklaven aus den neu entdeckten Gebieten nach Spanien zu bringen, und ließ die Überlebenden zurücktransportieren.

Zugleich stand Kolumbus unter immer größer werdendem Druck, je länger seine Entdeckerfahrten dauerten. Denn er hatte sowohl dem Königshaus als auch den Männern, die ihn begleiteten, etwas versprochen, nach dem sie alle gierig lechzten: Gold. Allein, die großen erhofften Funde blieben aus, es wurde nur wenig Gold gefunden und das meiste wurde den Einheimischen abgehandelt oder weggenommen. Alle wurden ungeduldiger, Spaniens Herrscher ebenso wie die Männer, die sich mit ihm auf die Reise gemacht hatten und hofften, von dieser Reise schwerreich zurückzukehren. Die Suche nach dem Gold wurde immer verzweifelter, sie wurde zu einer fixen Idee, wie Passagen aus Kolumbus' Bordbuch bezeugen, vor allem nachdem Gerüchte über eine Insel mit dem Namen Babeque aufgekommen waren, auf der es Gold in Hülle und Fülle geben sollte. Kolumbus notierte sich: »Ich hoffe bei Gott, dass ich vor meiner Rückkehr nach Spanien guten Handel um Gold abschließen kann.« Als er eine Einheimische traf, die in der Nase ein kleines Stückchen Gold trug, wertete er das als hoffnungsvolles Zeichen, dass es auf der Insel Gold geben müsse. Er ging davon aus, »dass sich in der Nähe viele Inseln befinden sollen, auf denen es viel Gold gebe«. Die Einheimischen hätten ihm gesagt, »es gebe hier so viel Gold, wie wir uns nur wünschten«. Doch die Hoffnung trog und umso mehr sie schwand, desto wichtiger wurde es, aus dem Handel mit Sklaven Geld zu schlagen.

Vor Ort verschlechterte sich das Verhältnis zwischen den Ankömmlingen und den Einwohnern schnell. Daran hatte Kolumbus zunächst gar keinen persönlichen Anteil, aber da er von Beginn an Slaven rekrutieren wollte, wäre es auf jeden Fall dazu gekommen, da die Betroffenen sich natürlich wehrten. Doch zunächst waren es seine Männer, die sich während seiner Abwesenheit mit den Indigenen anlegten. Als Kolumbus sich nach ein paar Monaten auf den Weg zurück nach Spanien machte, ließ er eine Reihe von Männern zurück. Als er wiederkehrte, waren sie alle tot. Sie waren untereinander in Streit geraten und hatten sich gegenseitig ermordet oder waren von den Einheimischen, die sie mit grausamen Mitteln zu unterdrücken versuchten, umgebracht worden. Kolumbus reagierte mit brutalen Methoden. Er ließ Indigene jagen, bestrafte sie, indem er ihnen Hände, die Nase oder die Ohren abhacken oder sie töten ließ. Oft ließ er die abgehackten Hände an den Körpern der Opfer festbinden und schickte sie nach Hause – als Mahnung an die anderen.

Brutal und rücksichtslos

Während Kolumbus' zweiter Reise vom September 1493 bis Juni 1496 trat er immer brutaler und rücksichtsloser auf, sowohl gegen die eigenen Leute als auch und noch viel mehr gegen die Einheimischen. Als die Klagen immer lauter wurden und bis an den spanischen Hof drangen, entschieden sich Königin Isabella und König Ferdinand, zu handeln. Sie hatten Kolumbus ausdrücklich befohlen, freundlich mit der einheimischen Bevölkerung der zu entdeckenden Gebiete umzugehen, und waren empört über die Vorwürfe gegen ihn. Sie schickten mit Francisco Bobadilla einen Vertreter nach La Hispaniola, der die Vorwürfe untersuchen sollte. Bobadilla war mit der Vollmacht ausgestattet, Kolumbus abzusetzen und nach Spanien zu schaffen. Er selbst sollte die Nachfolge übernehmen. Bobadilla befragte Einheimische und Spanier – und das Ergebnis war schlimmer, als er befürchtet hatte.

Die Tatsache, dass Bobadilla auf La Hispaniola auch einen Bericht für Isabella und Ferdinand verfasste, ist nicht neu. Allerdings verschwand das Original dieses Berichts und sein Verfasser ertrank bei der Rückfahrt nach Spanien. So wurde sein Inhalt jahrhundertelang nur durch Kolumbus' Brille interpretiert – und trübte das blendende Bild des erfolgreichen Entdeckers nicht. Das änderte sich, als 2005 die Archivarin Isabel Aguirre im Archiv von Simancas diesen Bericht wiederfand. Er war an einem Ort abgelegt, wo ihn niemand gesucht hatte, und hatte so Hunderte Jahre unbeachtet überdauert. Sie transkribierte das Dokument und zeigte es Consuela Varela, einer der wichtigsten Kolumbus-Expertinnen. Varela stellte den Bericht im Jahr 2006 der Öffentlichkeit vor – just zum 500. Todestag von Kolumbus. Das Bild, das dieser Bericht von dem Entdecker zeichnet, ist so verheerend, dass auf diese Lichtgestalt seitdem dunkle Schatten fallen und in mehreren Städten der USA und anderswo seine Denkmäler geschleift werden.

Bobadilla erreichte Santo Domingo, wo Kolumbus sein Hauptquartier hatte, am 23. August 1500. Kolumbus hielt sich allerdings zu dieser Zeit an einer anderen Stelle der Insel auf, begab sich aber nach Santo Domingo, nachdem er von Bobadillas Ankunft erfahren hatte, denn ihm schwante nichts Gutes. Der Inquisitor der Krone überreichte ihm das Dekret über seine Absetzung als Vizekönig und begann sofort mit der Untersuchung. Er befragte 22 Spanier, unter denen sich auch Vertraute von Kolumbus und Geistliche befanden. Was sie über Kolumbus Verhalten berichteten, übertraf bei Weitem die Befürchtungen des Königspaars.

Am schlimmsten galt der Vorwurf der Geistlichen, nach dem Kolumbus systematisch die Taufe der Eingeborenen durch die Missionare verhindert habe. Das empörte Bobadilla schon deshalb, weil die Missionierung der Menschen in der Neuen Welt als ein wichtiges Ziel galt und Kolumbus selbst stets seine Religiosität, seinen tiefen Glauben an Gott, als einen herausragenden Grund für seine Entdeckungsfahrten hervorhob.

Dass ihm in Wahrheit ganz handfeste weltliche, nämlich finanzielle Interessen wichtiger waren, offenbarte sich gerade durch die Weigerung zur Taufe – denn getaufte Menschen durften nicht als Slaven nach Spanien verkauft werden. Nur wenn die Menschen ungetauft blieben, konnte er also mit ihnen das erhoffe Geschäft machen. Dieses Verhalten schockierte viele Experten und Anhänger des berühmten Seefahrers, als es 2006 bekannt wurde, denn an seiner tiefen und ehrlich empfundenen Religiosität hatte es niemals Zweifel gegeben, nicht einmal von seinen Kritikern. Isabella, die sich über die große Zahl der Sklaven, die auf spanischen Märkten angeboten wurde, wunderte, beruhigte Kolumbus auch mit der falschen Behauptung, sie seien als Rebellen im Kampf gefangen genommen worden. In Wahrheit machte er systematisch Jagd auf Menschen und setzte dabei sogar eigens abgerichtete Hunde ein.

Waren die Angaben Bobadillas bei ihrer Veröffentlichung 2006 neu, so war ein anderer Bericht über das brutale Vorgehen gegen die Einheimischen schon seit dem 16. Jahrhundert bekannt. Es handelt sich um den Bericht eines Mannes namens Bartolomé de Las Casas, spanischer Theologe und Historiker und erster Bischof von Chiapas im heutigen Mexiko. Las Casas, der sich für die Belange der »Indianer« einsetzte und auch als »Indianerapostel« bezeichnet wird, schrieb seinen Bericht über das brutale und unmenschliche Vorgehen der Spanier zwar erst, nachdem Kolumbus die Neue Welt endgültig wieder verlassen hatte, und ob er sich unter anderem auch direkt auf den Entdecker aus

Genua bezog, ist unklar. Aber unzweifelhaft ist, dass es Kolumbus war, der die Methoden, die der »Indianerapostel« beschrieb, eingeführt und verbreitet hatte. Er war ein Vorbild für andere, die nach ihm kamen. Ein sehr schlechtes Vorbild.

Las Casas Schilderung war sehr bildhaft und lässt am Schrecken, den die Kolonialisten verbreiteten, keinerlei Zweifel. Las Casas berichtete: »Sie drangen unter das Volk, schonten weder Kind noch Greis, weder Schwangere noch Entbundene, rissen ihnen die Leiber auf und hieben alles in Stücke, nicht anders, als überfielen sie eine Herde Schafe ... Sie wetteten miteinander, wer unter ihnen einen Menschen mit einem Schwertstreich mitten voneinander hauen, ihm mit einer Pike den Kopf spalten oder das Eingeweide aus dem Leibe reißen könne. Neugeborene Geschöpfchen rissen sie bei den Füßen von den Brüsten ihrer Mutter und schleuderten sie mit den Köpfen wider die Felsen. Andere schleppten sie bei den Schultern durch die Straßen, lachten und scherzten dazu, warfen sie endlich ins Wasser und sagten: Da zapple nun, du schurkischer kleiner Körper! Andere ließen Mutter und Kind zugleich über die Klinge springen und stießen sie mit den Füßen vor sich hin.«

Doch das war's noch lange nicht mit den Grausamkeiten. Las Casas weiter: »Sie machten auch breite Galgen, so daß die Füße beinahe die Erde berührten, hingen zu Ehren und zur Verherrlichung des Erlösers und der zwölf Apostel je dreizehn und dreizehn Indianer an jedem derselben, legten dann Holz und Feuer darunter und verbrannten sie alle lebendig. Anderen banden oder wickelten sie dürres Stroh um den Körper, zündeten es an und verbrannten sie. Anderen, die sie bloß deswegen am Leben ließen, hieben sie beide Hände ab, banden sie ihnen an, jagten sie so dann fort und sagten: gehet hin mit diesem Sendschreiben und bringt euren Landsleuten, die sich ins Gebirge geflüchtet haben, etwas Neues!« Für die Führer der Indigenen hatten sich die Kolonialisten eine eigene Behandlung ausgedacht, wie Las Casas zu berichten wusste: »Sie machten Roste von Stäben, die sie auf Gabeln legten, darauf banden sie die Unglücklichen fest und machten ein gelindes Feuer darunter, bis sie nach und nach jämmerliches Geschrei erhoben und unter unsäglichen Schmerzen den Geist aufgaben.«

Wie schon gesagt: Ob Kolumbus und seine Leute alle diese grausamen Methoden selbst anwandten, ist nicht klar – einiges, wie das Abschneiden von Händen, Nase und Ohren, die Ermordung von Erwachsenen und Kleinkindern und der Missbrauch von Frauen ist allerdings zweifellos überliefert. Aber sie legten auf jeden Fall den Grundstock für dieses völlig enthemmte und entmenschlichte Verhalten der Europäer. Bobadilla jedenfalls reichte, was er gehört hatte: Er setzte Kolumbus von seinem Posten als Vizekönig ab, ließ ihn und seine beiden Brüder verhaften und in Ketten nach Spanien bringen. Das Königshaus ließ ihn zwar wieder frei, aber sein Amt erhielt er nicht zurück. Er kehrte nochmals nach Amerika zurück, doch diese Fahrt wurde ein Reinfall.

Die Folgen von Kolumbus Ankunft auf La Hispaniola waren katastrophal. Schon vier Jahre später war ein Drittel der einheimischen Bevölkerung von La Hispaniola, rund 100 000 Menschen, tot. Viele waren von Kolumbus' Männer getötet worden, andere starben an von den Spaniern eingeschleppten Krankheiten, die den Einheimischen unbekannt waren. Und eine unbekannte Zahl von Menschen beging Selbstmord, weil sie den Tod der Versklavung vorzogen. Die Entwicklung setzte sich auch nach Kolumbus' letzter Abreise ungehindert fort. Knapp 60 Jahre nach seiner ersten Landung galten die einheimischen Taino als praktisch ausgerottet – von ursprünglich 300 000 Menschen waren nur 500 übrig geblieben, schreibt die US-amerikanische Journalistin Aura Bogado vom kalifornischen Center for Investigative Reporting. Es ist umstritten, ob man in diesem Zusammenhang von einem Genozid sprechen sollte, denn der Begriff setzt die bewusste und systematische Ausrottung eines Volkes voraus, wie es das nationalsozialistische Deutschland mit den Juden oder das Osmanische Reich mit den Armeniern machte. Die fast vollständige Vernichtung der Einheimischen aber war nicht das stringent verfolgte Ziel der Kolonialisten, sondern die Folge ihres Verhaltens. Für die Opfer handelt es sich allerdings ohnedies um eine akademische Diskussion – in jedem Fall starben sie massenhaft. Die Kolonialisten betrieben zudem einen massiven Raubbau an der Natur der Insel. Von den riesigen und uralten Bäumen, von denen Kolumbus schwärmerisch in seinen Aufzeichnungen schrieb, sind durch systematische Rodungen für Tabakplantagen heute 98 Prozent verschwunden.

Michael Zeuske, der Experte für die Geschichte der Sklaverei, weist darauf hin, dass Kolumbus am Anfang der atlantischen Sklaverei als »Kapitalisierung menschlicher Körper« steht. Allerdings gehört zur Wahrheit auch, dass die ersten Opfer der atlantischen Sklaverei, die Taino, selbst auch Sklaverei betrieben – sie hielten ihre Gefangenen so lange als Sklaven, bis sie ihren Göttern geopfert wurden. Kolumbus und seine Leute bezeichneten das als Kannibalismus.

Auch mit den eigenen Leuten ging Kolumbus übrigens brutal und rücksichtslos um, wie die Befragungen Bobadillas ergaben. Mit Unterstützung seiner Brüder Diego und Bartolomeo, die ihn begleiteten, errichtete er ein wahres Schreckensregime. Er regierte wie ein Diktator, ließ Siedler verhungern, weil er ihnen die knappen Lebensmittel, die er unter Verschluss hielt, verweigerte, und verhängte gegen Aufsässige schwere Strafen. Manche wurde sogar ohne Prozess gehängt, andere gefoltert – auch seinen eigenen Männern ließ Kolumbus Hände, Nase oder Ohren abhacken. All das offenbarte einen Charakter, der nichts mit dem tradierten Bild zu tun hat, das über Jahrhunderte von Kolumbus kursierte. Tatsächlich war er geizig, habsüchtig, nur auf seinen eigenen Vorteil bedacht, brutal und rücksichtslos.

So stellt sich die Frage, was von Kolumbus bleibt. Er war mutig und verfolgte sein Ziel beharrlich; er erreichte die dem amerikanischen Kontinent vorgelagerten Insel nach einer Fahrt ins Ungewisse als erster Europäer – wenn sehr wahrscheinlich auch nicht als erster Europäer überhaupt, so doch als Erster nach vielen Jahrhunderten. Und da das Wissen um frühere Überfahrten lange verloren war, darf man diese Leistung durchaus als Ersttat würdigen. Kolumbus hatte sich nicht nur ganz klar auf die Seite derjenigen gestellt, die davon überzeugt waren, dass die Erde eine Kugel ist und keine Scheibe. Wenn er damit auch zu seiner Zeit nicht alleine stand, so war diese Auffassung durchaus noch umstritten. Und er wusste, wie er die unterschiedlichen Winde des Atlantiks für die Hin- und die Rückfahrt nutzen konnte. Mit seinen Fahrten eröffnete er Europa blühende Geschäftsfelder, von dem Millionen Menschen profitierten.

Auf der anderen Seite stand Kolumbus am Beginn der atlantischen Sklaverei und es ist keineswegs so, dass er vielleicht unbewusst oder unbeabsichtigt diese Entwicklung in Gang gesetzt hat. Der Handel mit Menschen als Ware gehörte von Anfang an zu seinen geschäftlichen und finanziellen Grundlagen. Damit stand er nicht im Einklang mit seiner Zeit, nicht zuletzt das spanische Königspaar lehnte den Menschenhandel ab. Sein Vorgehen gegenüber den einheimischen Taoni war brutal und rücksichtslos und auch nach damaligen Auffassungen völlig inakzeptabel, wie die Berichte von Bobadilla und Las Casas verdeutlichen. Und auf die Negativseite gehört letztlich sicher auch, dass Kolumbus sich auf einem ganz anderen Weg glaubte und sich sicher war, dass La Hispaniola, die anderen Gebiete wie Kuba und später der amerikanische Kontinent das ursprünglich gesuchte Asien waren. Vor diesem Hintergrund betrachtet ist Christoph Kolumbus eine Lichtgestalt mit vielen dunklen Flecken und man kann sicher darüber streiten, was dominiert: der Glanz oder die Dunkelheit.

Mahatma Gandhi

Gewaltfreier Vorkämpfer für ein freies Indien

Auch wenn Mohandas Karamchand Gandhi aus einer Familie stammt, die Ratgeber für Fürsten oder Richter und hohe Verwaltungsleute hervorbrachte, so war der Weg des 1869 in Porbandar im heutigen indischen Bundesstaat Gujarat Geborenen in die Politik und zum Vorkämpfer für die Unabhängigkeit Indiens von den britischen Kolonialherren keineswegs vorgezeichnet. Seine Familie gehörte der Bania-Kaste und damit der gesellschaftlichen und politischen Oberschicht an. Sie schickte ihn nach London zum Studium der Rechtswissenschaft.

Nach dem Ende des Studiums und einem kurzen Aufenthalt in Indien ging er nach Südafrika, wo er als Rechtsanwalt tätig wurde. Hier vertrat er die Rechte von im Land lebenden indischen Arbeitern. Er erlebte am eigenen Leib den Rassismus der britischen Kolonialherren und begann, unter den Indern Widerstand dagegen zu organisieren. 1894 gründete er den Natal

Indian Congress (NIC) als Vertretung der Inder in Südafrika. Zwei Jahre später veröffentliche er zwei Schriften gegen ihre Diskriminierung durch die Weißen, die viel Aufsehen erregten.

Im Laufe der nächsten Jahre organisierte er immer wieder Widerstand gegen die diskriminierende Politik der Engländer und gründete dafür 1904 die Zeitung *Indian Opinion*. Er lebte spartanisch und legte 1906 im Alter von 37 Jahren ein Keuschheitsgelübde ab. Er wollte sich vollständig auf die politische Arbeit konzentrieren und seine sexuelle in spirituelle Energie umwandeln. Als die Briten 1906 brutal einen Aufstand der schwarzen Zulus niederschlugen, organisierte er eine Sanitätseinheit aus Indern, die sowohl Engländer als auch Zulu-Kämpfer versorgte.

Zugleich aber verfolgte er gegenüber den Engländern eine Strategie des passiven Widerstandes, die er Satyagraha nannte. Sie bestand in der bewussten Übertretung gegen als ungerecht empfundene Gesetze, provozierte Streiks, Boykotte und Verhaftungen – aber alles mit friedlichen Mitteln. 1907 wurde er verhaftet und saß zwei Monate im Gefängnis.

Ende 1914 siedelte er wieder in seine Heimat Indien um. Er schloss sich dem Indischen Nationalkongress (INC) an, der sich für die Unabhängigkeit Indiens von Großbritannien einsetzte. Von 1918 bis 1930 lebte er in einem von ihm gegründeten Aschram, wo er nach dem Prinzip der Ahimsa Gewaltlosigkeit propagierte. Auf der Basis des Hinduismus entwickelte sich Gandhi, dem seine wachsende Schar von Anhängern den Bei-

Mahatma Gandhi 1869–1948

namen »Mahatma« – die große Seele – gab, zu einem religiösen Anarchisten. Er wurde zum geistigen Führer des Nationalkongresses und Anführer des Kampfes Indiens um die Unabhängigkeit, der aber zu jeder Zeit gewaltfrei sein sollte. Daran hielten sich allerdings längst nicht alle seine Anhänger. 1920 rief er die Kampagne der Nichtkooperation mit den britischen Kolonialherren aus. Sein Programm verband die Vorstellung eines vorindustriellen Indiens mit der Ablehnung von Privateigentum im herkömmlichen Sinn und einem dezentralen demokratischen Staat, in dem das indische Kastensystem modifiziert, aber grundsätzlich erhalten bleiben sollte. 1930 organisierte er den berühmten »Salzmarsch« gegen die Einführung einer Steuer auf Salz durch die Engländer, die ihre Pläne zurücknehmen mussten. Diese Protestaktion wirkte auf die Massen wie eine Art Weckruf für den Kampf um die Unabhängigkeit. 1942 wurden er und fast die gesamte Führung des INC verhaftet, nachdem sie mitten im Zweiten Weltkrieg die sofortige Unabhängigkeit Indiens gefordert hatten. Zwei Jahre später wurde er entlassen.

Als England 1947 Indiens Unabhängigkeit verkündete, war das ein großer Erfolg Gandhis. Mit einem bitteren Wermutstropfen: Die Einheit des Landes konnte nicht erhalten werden, da mit Pakistan auch ein muslimischer Staat gegründet wurde. Gandhi hatte den Konflikt zwischen Hindus und Moslems stets unterschätzt. Am 30. Januar 1948 wurde er von einem fanatischen Hindu erschossen. Vor allem in westeuropäischen Ländern gilt er heute als ein Beispiel dafür, dass passiver Widerstand zum Erfolg führen kann, und durch sein bescheidenes asketisches Leben wurde er zum Vorbild seiner Anhänger. Der schwarze Bürgerrechtler Martin Luther King vertrat die Ansicht, Gandhi sei der erste Mensch gewesen, der die Liebesethik Jesu zu einer großen sozialen Macht entwickelt habe. Gandhi war zwölf Mal für den Friedensnobelpreis nominiert. Nach seinem Tod entschied das Nobelkomitee, ihn für das Jahr 1948 nicht zu vergeben, weil der Preis nicht an Verstorbene vergeben werden kann. 1982 verfilmte Richard Attenborough Gandhis Leben – der Film erhielt acht Oscars.

»Große Seele« mit sehr dunklen Flecken

Der sehr erfolgreiche Film zeigt, dass Gandhi es weltweit zu einer geistigen Größe, zu einem Vorbild geschafft hat, zu dem viele Menschen bewundernd aufschauen. Allerdings bei Weitem nicht alle. Schon 1982 kritisierte der Schriftsteller Salman Rushdie, Autor der *Satanischen Verse* und selbst ein Hindu aus Indien, der Film verkläre Gandhi zum Mythos und sei eine »geschichtslose Art westlicher Heiligenschöpfung«. Rushdie steht längst nicht mehr alleine mit seiner Kritik, die in den vergangenen Jahren immer lauter geworden ist. So schrieb der Autor Mayukh Sen, dessen Großvater mit Gandhi zusammen im Gefängnis saß, im Jahr 2015 stellvertretend für die wachsende Schar der Kritiker: »Den Kern von Gandhis Lehre ignoriert man gerne: Er war gegen Schwarze, angewidert von weiblicher Sexualität und weigerte sich, die Befreiung der Dalits, der ›Unberührbaren‹, zu unterstützen.« Die indische Journalistin Dalit-Diva schrieb: »Jenseits des Markenphänomens der Bewegung ›Sei die Veränderung, die du in der Welt sehen willst‹, das Mahatma Gandhi ist, gibt es ein heimtückisches Erbe des Kastenwesens, des Rassismus und der Frauenfeindlichkeit und sexuellen Ausbeutung, über das wir sprechen müssen.« Anders ausgedrückt: Mahatma Gandhi war ein Rassist, ein Frauenhasser und ein Gegner der Beendigung des indischen Kastensystems, das viele Millionen Inder unterdrückt.

Ein Rassist, der die Schwarzen verachtete

Ganz schön harter Tobak. Doch der Reihe nach – beginnen wir mit dem Vorwurf des Rassismus. Weil Gandhi sich während seiner Jahre in Südafrika, wo er von 1893 bis 1914 lebte, für die Rechte der rund 60 000 dort lebenden Inder einsetzte, gilt er als antirassistischer Vorkämpfer. Die Sache hat nur einen Haken: Er kämpfte tatsächlich für die Sache der Inder – aber auch nur für die der Inder. Für die einheimischen Schwarzen setzte er sich nicht ein, ganz im Gegenteil. Für ihn standen sie eindeutig unter den Indern, und wenn er Gleichberechtigung von den Briten forderte, dann hatte er dabei keinesfalls die einheimischen Schwarzen, die eine viel größere Bevölkerungsgruppe bildeten, vor Augen. Er verwendete für sie regelmäßig den Begriff »Kaffer« – ein diskriminierendes, beleidigendes und herabsetzend gemeintes Wort. Der von ihm gegründete Natal Indian Congress hatte das Ziel, »Eintracht und Harmonie unter den in der Kolonie Südafrika lebenden Indern und Europäern zu fördern und letztlich die Diskriminierung indischer Händler in Natal zu bekämpfen«. Von den Schwarzen war keine Rede. Die von ihm gegründete Zeitung *The Indian Opinion* war seine Plattform für regelmäßig diffamierende Artikel über Schwarze. So schrieb er beispielsweise: »Unser Kampf ist ein fortwährender Kampf gegen die Erniedrigung, die uns von den Europäern zugefügt werden soll, die uns auf das Niveau der rohen Kaffern erniedrigen wollen, deren Beruf die Jagd ist und deren einziges Ziel es ist, eine bestimmte Anzahl von Rindern zu sammeln, um damit eine Frau zu kaufen, und dann ihr Leben in Trägheit und Nacktheit zu verbringen.« Es wird anhand eines solchen Zitats deutlich, dass Gandhi nicht davon ausging, dass alle Menschen gleich seien; er glaubte, die Inder hätten ein Recht auf Gleichheit mit den Weißen – die Schwarzen indes nicht. Diese Vorstellung, dass Inder besser seien als die eingeborenen Afrikaner, durchdringt seine Schriften über die Apartheid, in denen er konsequent über die Notwendigkeit schreibt, Inder geistig wie körperlich von eingeborenen Afrikanern zu trennen, so der Schluss Dalit-Divas.

Als sich die Zulus 1906 gegen die Engländer erhoben, um gegen eine neue Steuer zu protestieren, wollte Gandhi die weißen Kolonialherren unterstützen und forderte sie auf, indische Truppen zu rekrutieren, die mit den Weißen gegen die Schwarzen kämpfen sollten. Dieser Einsatz sollte den Anspruch der Inder auf die geforderte volle Staatsbürgerschaft fördern. In seiner Zeitung schrieb er: »Wenn die Regierung nur wüsste, welche Reservekräfte verschwendet werden, würde sie davon Gebrauch machen und den Indern die Möglichkeit einer gründlichen Ausbildung für die tatsächliche Kriegsführung geben.« Die Briten weigerten sich allerdings und ließen nur einen kleinen, von Gandhi geführten Sanitätstrupp zu. Die Engländer gingen mit großer Brutalität gegen die Aufständischen vor und töteten etwa 4000 Menschen. Gandhi wurde als Belohnung für seinen Einsatz zum Sergeant Major der britischen

Armee ernannt. Jahrzehnte später behauptete er, sein Herz habe für die Zulus geschlagen – eine sehr unglaubwürdige Behauptung.

Auch nach diesem Einsatz, der am Ansehen der Inder nichts änderte, kritisierte er weiter, dass sie von den weißen Kolonialherren stets auf dieselbe Stufe wie die Schwarzen gestellt würden. Gandhi lehnte nicht den Rassismus ab, sondern nur, dass die Inder dessen Opfer waren; was die Schwarzen betraf, so war er selbst Rassist. Nach einem Gefängnisaufenthalt im Jahr 1908 beschwerte er sich darüber, dass die Inder im Gefängnis auf einer Stufe mit den schwarzen Gefangenen gestanden hätten, nicht mit den weißen. Schon im Jahr zuvor hatte er empört geschrieben: »Kaffern sind in der Regel unzivilisiert – die Sträflinge noch mehr. Sie sind lästig, sehr schmutzig und leben fast wie Tiere ... Der Leser kann sich leicht die Notlage des armen Inders vorstellen, der in eine solche Gesellschaft geworfen wird!«

Nachdem vor allem afrikanische Historiker in den Jahren ab etwa 2010 solche Vorwürfe erhoben, behauptetet Gandhis indischer Biograf Ram Guha 2018, er sei zwar in jungen Jahren in Südafrika tatsächlich Rassist gewesen, habe sich davon aber in seinen mittleren Lebensjahren gelöst. Aber das ist falsch, wie Obadéle Kambon, ein Wissenschaftler der Universität von Ghana, nachwies. Er schaute sich Gandhis Schriften und Artikel aus den mittleren Jahren an und kam zu dem Urteil: »Ghandi wurde von einem rassistischen jungen Mann zu einem rassistischen Mann mittleren Alters.« Kambon fand eine ganze Reihe eindeutig rassistischer Zitate aus den Jahren 1906 bis 1914, als Gandhi schließlich Südafrika wieder verließ und nach Indien zurückzog.

So begrüßte er 1906 ein Gerichtsurteil zur Benutzung von Straßenbahnen: »Dank der Entscheidung des Gerichts können nur noch saubere Inder oder Farbige außer Kaffern mit der Straßenbahn fahren.« Im selben Jahr forderte er, dass die Führer der südafrikanischen weißen Buren »Inder nicht als auf der gleichen Ebene wie Kaffern betrachten« sollten, und kritisierte zwei Wochen später: »Der Geist der Buren ... weigerte sich, die offensichtlichen und scharfen Unterschiede anzuerkennen, die zweifellos zwischen britischen Indern und den Kaffir-Rassen in Südafrika bestehen.« 1908 klagte er: »Die britischen Herrscher halten uns für so niedrig und unwissend, dass sie annehmen, dass wir uns ebenso wie die Kaffern, die sich über Spielzeug und Anstecknadeln freuen können, auch mit Schmuck abspeisen lassen.« Gandhi lehnte auch die Heirat zwischen Indern und Schwarzen ab, wie er 1910 schrieb: »Manche Inder haben Kontakt zu Kaffer-Frauen. Ich denke, solche Kontakte können eine große Gefahr sein. Inder sollten sie besser vermeiden.« Vor diesem Hintergrund wurde 2018 nach zahlreichen Protesten eine Gandhi-Statue an der Universität von Ghana entfernt. Für Kambon ein unvermeidbarer Schritt, der eine Frage der Selbstachtung gewesen sei.

Ein »guter« Rat an die deutschen Juden

Dass es Ghandi nur um seine Interessen und die von ihm vertretene Gruppe ging und dass er einer äußerst bedrängten Gruppe die erbetene Hilfe versagte, zeigte sich Ende der Dreißigerjahre auf eine geradezu beschämende Weise. Obwohl viele seiner Anhänger ihn seit Jahren drängten, sich zu der antijüdischen Politik der Nazis im Deutschland des Dritten Reichs zu äußern, schwieg Gandhi, weil er nicht die Moslems in Indien verärgern wollte. Denn die Flucht deutscher Juden nach Palästina lehnten die Moslems ab. Doch am 26. November 1938 griff er schließlich zur Feder und veröffentlichte in seiner Zeitschrift *Harijan* einen Artikel. Kurz vorher, in der Nacht vom 8. auf den 9. November und auch noch im Verlauf der nächsten Tage, hatte der Nazi-Mob in Deutschland die Synagogen in Brand gesteckt, Geschäfte und Wohnungen von Juden geplündert und verwüstet, Zehntausende jüdische Männer in Konzentrationslager gesteckt und mehrere Hundert umgebracht. Endlich äußerte sich der berühmte Freiheitskämpfer, der auch unter den deutschen Juden viele Anhänger hatte. Doch sein Artikel »Zur Lage der Juden in Deutschland und Palästina« war ein Schlag ins Gesicht der bedrängten Juden, die um ihr Leben fürchteten, um ihr Hab und Gut bangten und hofften, das Land, das ihnen mit so brutaler Gewalt entgegengetreten war, so schnell wie möglich verlassen zu können.

Zwar äußerte Gandhi Mitgefühl für die Juden. Einen Krieg gegen Nazi-Deutschland lehnte er aber ab, da es grundsätzlich keinen gerechten Krieg gebe. Aber anstatt ihre einzigartige Not zu erkennen und daraus die richtigen Schlüsse zu ziehen, verglich er die Lage der Juden mit den Indern in Südafrika, wo die Entrechtung von »fast gleicher Art« sei. Die Ausreise und Ansiedlung der Juden in Palästina, auf die viele ihre Hoffnung legten, lehnte er rundweg ab. Denn Palästina gehöre den Arabern, der Zuzug der Juden (die dort ursprünglich gelebt hatten) wäre ein moralisch nicht zu rechtfertigendes »Verbrechen gegen die Menschlichkeit«.

Was aber schlug er den Juden in Deutschland vor? Sie seien doch gar nicht hilflos, schließlich hätten sie doch eine Beziehung zu Gott, meinte er. Gandhi riet den Juden zur Taktik des gewaltfreien Widerstandes und sagte ihnen voraus, ihr freiwilliges Leiden werde ihnen innere Stärke und Freude geben. Selbst das drohende Blutbad, das er ausdrücklich für möglich hielt, könne »zu einem Tag des Dankes und der Freude werden«, weil Jehova die Opferung der Rasse, sei es auch durch die Hände des Tyrannen, bestimmt habe. Und schließlich habe doch für denjenigen, der Gott fürchte, der Tod keinen Schrecken.

Das waren »unverschämte Ratschläge«, findet der indische Politikwissenschaftler Jyotirmaya Sharma. Viele Juden waren empört über diese Äußerungen, auch viele von Gandhis Anhängern. Sie waren tatsächlich an Zynismus nicht zu überbieten. Er schlug den in Todesgefahr befindlichen Juden vor, ihr Leiden freudig zu erdulden und dem Nazi-Mob mit gewaltfreiem Widerstand zu begegnen. Man stelle sich das bildlich vor, wie ein paar Hundert Juden sich vor Joseph Goebbels Propaganda-Ministerium auf die Straße gesetzt und friedlich gegen die Unterdrückung protestiert hätten. Wie lange hätten sie dort wohl gesessen und was wäre mit ihnen passiert? Die Episode zeigt sehr deutlich, dass der passive Widerstand an seine Grenzen stößt, wenn er auf einen hemmungslos gewaltbereiten Feind stößt. Das betonte auch der jüdische Religionsphilosoph Martin Buber, der aus Nazi-Deutschland geflohen war und seit 1936 in Jerusalem lebte. Gandhi kritisierte die »Unfähigkeit« der Juden, keinen gewaltlosen Widerstand gegen das Nazi-Regime zu leisten, und charakterisierte sie als hilflos und schwach. Buber war darüber verständlicherweise verletzt. Buber, der ein großer Verehrer Gandhis war, antwortete ihm: »Die Inder wurden in Südafrika verachtet und verächtlich behandelt, aber rechtlos waren sie nicht, vogelfrei waren sie nicht, Geiseln für das erwünschte Verhalten des Auslandes waren sie nicht. Und meinen Sie etwa, ein Jude könnte in Deutschland auch nur einen einzigen Satz Ihres Vortrages öffentlich aussprechen, ohne niedergeschlagen zu werden?«

Buber nahm die von Gandhi in seinem Artikel genannten Vergleichspunkte auf – zum Beispiel die religiöse Unterdrückung, die Ungleichheit in der Verfassung, die Umsiedlung in Ghettos –, verglich sie mithilfe der von Gandhi selbst in seinen eigenen früheren Schriften genannten Fällen von Diskriminierung und stellte sie den nationalsozialistischen Verbrechen des November-Pogroms, der Verbrennung der Synagogen und Thorarollen und der Konzentrationslager gegenüber. Für Buber sei es schlichtweg unbegreiflich gewesen, wie Gandhi die südafrikanischen mit den deutsch-jüdischen Verhältnissen in einen »tragikomischen Vergleich bringen konnte«, betont der Pfarrer und Autor Michael Volkmann, der sich intensiv mit der Gandhi/Buber-Auseinandersetzung befasst hat. Eine Antwort auf seine Antwort erhielt Buber niemals, Gandhi äußerte sich einfach nicht mehr. Übrigens schwieg er auch später, als all die grauenhaften Details über den Holocaust und die Ermordung von sechs Millionen Juden bekannt waren. Das Thema interessiere den großen Friedenskämpfer nicht.

Gewaltlosigkeit, die auf einem gewalttätigen System beruhte

Diese Episode ist heute weitgehend vergessen. Dagegen rückt Gandhis Verhalten gegenüber einer großen Bevölkerungsgruppe Indiens, den Dalits, den sogenannten Unberührbaren, welche die niedrigste Kaste darstellen, mehr und mehr in den Fokus. Sein Auftreten gegenüber den »Unberührbaren« sei wohl der härteste Fakt, der gegen Gandhi spreche, meint die Dalit-Aktivistin Dalit-Diva. Auch wenn Gandhi eine Reform des indischen Kastenwesens anstrebte, so lag es in keiner Weise in seiner Absicht, dieses System, das Hunderte

Millionen Inder in ihren Rechten unterdrückt, abzuschaffen. Er bekämpfte solche Versuche sogar, wie sein Agieren gegen den Politiker Bhimrao Ramji Ambedkar zeigt, der für die Beseitigung des Systems kämpfte. Er glaubte, dass das Kastensystem eine erbliche Natur habe und dass die Beseitigung dieses von der Natur gegebenen Systems Chaos über Indien bringen würde. In seiner Zeitschrift schrieb er: »Ich glaube, wenn die hinduistische Gesellschaft bestehen konnte, dann deshalb, weil sie auf dem Kastensystem gründet. ... Man muss sagen, dass eine Gemeinschaft, die das Kastensystem schaffen kann, eine einzigartige Organisationskraft besitzt. ... Das Kastensystem zu zerstören und das westeuropäische Sozialsystem zu übernehmen bedeutet, dass Hindus das Prinzip der erblichen Besetzung aufgeben müssen, das die Seele des Kastensystems ist. Das erbliche Prinzip ist ein ewiges Prinzip. Es zu ändern heißt, Unordnung zu schaffen.« Bei einer Abschaffung fürchtete Gandhi Chaos und fand: »Das Kastensystem ist eine natürliche Gesellschaftsordnung.«

Das glauben viele Hindus sicher gerne, aber ganz gewiss nicht die Dalits. In früheren Schriften versuchte Gandhi, die Sache etwas abzumildern, indem er das Kastensystem als eine große Familie beschrieb – es wäre dann allerdings eine Familie, in der die einen sich Bildung aneignen dürfen, während die anderen deren Exkremente beseitigen müssen.

Klingt übertrieben? Ist es aber nicht, sondern es ist wörtlich zu verstehen, wie aus seinem Essay »The ideal Bhangi« aus dem Jahr 1936 hervorgeht (Bhangis sind die Angehörigen der Kaste der »Unberührbaren«). Darin schrieb er: »Ein Bhangi tut für die Gesellschaft, was eine Mutter für ihr Baby tut. Eine Mutter wäscht ihrem Baby den Schmutz weg und sorgt für seine Gesundheit. Genauso schützt und sichert der Bhangi die Gesundheit der Gemeinschaft, indem er die sanitären Einrichtungen für sie aufrechterhält. ... Aber das ist noch nicht alles. Mein idealer Bhangi würde die Beschaffenheit der Exkremente und des Urins erkennen. Er würde diese genau beobachten und die betroffene Person rechtzeitig warnen, indem er sie über das Ergebnis seiner Untersuchungen der Ausscheidungen informiert. Das setzt eine wissenschaftliche Kenntnis der Anforderungen seines Berufes voraus. Er wäre gleichermaßen eine Autorität für das Thema Entsorgung von Exkrementen in den kleinen Dörfern wie auch in den großen Städten. Und sein wissenschaftlicher Rat und seine Anleitung würden gesucht und der Gesellschaft frei zur Verfügung gestellt. ... Solch ein idealer Bhangi ... würde nicht im Traum daran denken, damit Reichtum anzuhäufen. Er würde sich für die ordnungsgemäße Entfernung und Entsorgung des gesamten Schmutzes und der Exkremente in dem von ihm bedienten Gebiet verantwortlich fühlen und die Aufrechterhaltung eines gesunden und hygienischen Zustands als das höchste Gut seiner Existenz ansehen.« Das war ähnlich zynisch wie der Vorschlag an die deutschen Juden, gewaltfreien Widerstand gegen die Nazis zu leisten.

Angesichts solcher Äußerungen kommt die indische Schriftstellerin Arundhati Roy zu dem Urteil: »Seine

Meinungen zu Rasse und Kaste sind auffallend konservativ. Man kann nicht einmal sagen, dass er eben ein ›Mann seiner Zeit‹ gewesen sei, denn unter seinen Zeitgenossen, sowohl in Indien als auch anderswo auf der Welt, gab es Leute … die viel fortschrittlicher waren.« Und sie kritisiert: »Gandhis Doktrin der Gewaltlosigkeit ruht auf einem Fundament von dauernder, brutaler, extremer Gewalt – denn das ist das Kastensystem. Es kann ohne die Androhung und Anwendung von Gewalt nicht aufrechterhalten werden.«

Krude Theorien zu Sexualität und Frauen

Last but not least gibt es noch einen Punkt, der an Gandhi verstört: sein negatives Verhältnis zu Frauen, das wir heute als sexistisch betrachten müssen – allerdings stieß es auch zu seinen Lebzeiten schon auf scharfe Kritik. Als im Dezember 1935 die US-amerikanische Frauenrechtlerin Margaret Sanger, die sich für Verhütung und eine bessere Sexualerziehung engagierte, Gandhi in Indien besuchte, erlebte sie eine bittere Enttäuschung. Sie war mit dem Ziel angereist, den berühmten Mann, der im Ruf stand, sich für die Gleichberechtigung der Frauen zu engagieren, für ihre Zwecke einzuspannen. Tatsächlich kämpfte er für politische Rechte der Frauen und so waren sich beide schnell darüber einig, dass Frauen emanzipiert werden sollten. Doch das war es auch schon mit den Gemeinsamkeiten. Als Margaret Sanger, die 1916 in New York das erste Zentrum für Familienplanung in den USA eröffnet hatte, die Verwendung von Verhütungsmitteln als besten Beitrag zur Emanzipation bezeichnete, lehnte Gandhi das brüsk ab. Für Gandhi, der selbst zu dieser Zeit schon seit Jahrzehnten im Zölibat lebte, ohne vorher darüber mit seiner Frau Kasturba über diesen Schritt gesprochen zu haben, waren Männer Lebewesen, die ihre »tierische Leidenschaft« nicht zügeln konnten. Er schob den Frauen die Verantwortung zu, dafür zu sorgen, dass sie diese »tierische Leidenschaft« nicht ausleben würden – indem sie sich ihren Ehemännern verweigerten. Sex, so der damals 67-Jährige, solle ausschließlich der Fortpflanzung dienen. Er lehnte es ab, dass Eheleute in einem Bett oder auch nur in einem Raum schlafen. Er erzählte Sanger auch von seiner eigenen Ehe und behauptete, die Beziehung zu seiner Frau sei rein spirituell geworden, nachdem er sich von einem »Leben voller fleischlicher Freuden verabschiedet« habe.

Sanger hielt dagegen und fragte ihn, ob er wirklich glaube, dass es zwei Verliebten ausreiche, vielleicht alle zwei Jahre mal miteinander zu schlafen, und dass es zu einem sexuellen Erlebnis auch nur dann komme, wenn sie ein Kind zeugen wollten. Sanger wusste es besser und pries die Vorteile der Verhütung, denn sie helfe Frauen, ungewollte Schwangerschaften zu verhindern und die Kontrolle über ihren eigenen Körper zu erlangen. Gandhi dagegen betonte, er habe nichts dagegen, wenn der Mann sich freiwillig sterilisieren lasse, »da er der Angreifer ist«, und dass Paare bestenfalls während der »sicheren Periode« des Menstruationszyklus

Sex haben sollten. Margaret Sanger verließ Gandhi erschüttert und enttäuscht und schrieb, er habe eine »entsetzliche Angst vor Zügellosigkeit und Maßlosigkeit«.

Schon zwei Jahre vor dieser Begegnung mit der Amerikanerin hatte Gandhi ein Gespräch mit einer indischen Frauenrechtlerin. Auch sie stritt für die Verwendung von Verhütungsmitteln. Gandhi antwortete ihr: »Glauben Sie, dass Freiheit des Körpers durch den Rückgriff auf Verhütungsmittel erlangt wird? Frauen sollten lernen, ihren Ehemännern zu widerstehen. Wenn wie im Westen auf Verhütungsmittel zurückgegriffen würde, hätte das schreckliche Folgen. Männer und Frauen würden nur für den Sex leben. Sie werden zu schwachsinnigen, aus den Fugen geratenen, in der Tat mentalen und moralischen Wracks.« Die Politologin Rita Banerji schreibt in ihrem Buch »Sex and Power«, Gandhi habe geglaubt, »dass die Menstruation eine Manifestation der Verzerrung der Seele einer Frau durch ihre Sexualität sei«.

Die Selbstkontrolle testete er in bizarren Experimenten, die selbst enge Vertraute verstörten. So legte er sich nackt mit ebenfalls nackten Frauen, häufig sehr jungen oder Teenagern, ins Bett mit dem Ziel, seine sexuellen Triebe in dieser Situation zu beherrschen. Ob ihm das gelang, ist unbekannt, aber selbst falls doch: In seinem Tun kann man eine Art sexuellen Missbrauch sehen. Zu den Versuchsopfern gehörte auch seine junge Großnichte Manu Gandhi, die den erheblich älteren Mann vergötterte. Zudem zeigte er sich häufig bei halböffentlichen Gelegenheiten unbekleidet, sodass jeder ihn sehen konnte. Diese Handlungen führten dazu, dass sich R.P. Parasuram, sein persönlicher Sekretär und einer seiner engsten Vertrauten, von ihm trennte; andere äußerten sich betroffen und sehr kritisch. Kritik daran entsteht also keineswegs nur aus unserer heutigen Perspektive, sondern es gab sie schon unter seinen Zeitgenossen.

Ganz unten im Ansehen Gandhis standen Frauen, die vergewaltigt wurden. Er glaubte, dass Frauen nach einer Vergewaltigung ihren Wert als Menschen verloren. In seinen Augen war es aus Gründen der Familien- oder Gemeinschaftsehre gerechtfertigt, Töchter zu töten, die sexuell missbraucht wurden. Frauen, die belästigt oder missbraucht wurden, sollten die Konsequenzen dafür tragen – nicht die Männer. Als er während seiner Zeit in Südafrika einmal mitbekam, dass ein junger Mann zwei Mädchen belästigte, bestrafte er nicht den Mann, sondern die beiden Mädchen, indem er ihnen eigenhändig die Haare als Zeichen ihrer Sühne abschnitt. Erst in den letzten Jahren seines Lebens mäßigte er seine Ansichten. Gandhi zementierte in seiner Heimat ein Frauenbild, das bis heute weit verbreitet ist. Noch immer glauben viele Inder, dass die Frau die Schuld trage, wenn sie von einem Mann vergewaltigt wurde, schließlich habe sie ihn ganz sicher »provoziert«. Da fällt es kaum noch ins Gewicht, dass Gandhi, obwohl er für die politische Gleichberechtigung der Frauen kämpfte, völlig selbstverständlich davon ausging, dass für die Erziehung der Kinder und den Haushalt einzig die Frauen zuständig seien.

Mahatma Gandhi ist für die indische Regierung, die sich stets gerne auf ihn beruft, und für seine Anhänger in den westlichen Industrieländern, die sich in ihrer Privilegiertheit nach einem asketischen Leben sehnen und von gewaltfreiem Widerstand schwärmen, eine Lichtgestalt. Im Westen wird er als die geradezu perfekte Kombination aus Mitgefühl, Tapferkeit und Weisheit angesehen. In Indien selbst verbreitet sich seit Jahren ein anderes Bild und das gilt auch für die Vorkämpfer der Rechte der Schwarzen. Feministinnen müssen sich vor Gruseln an den Kopf fassen, wenn sein Name fällt. So erklärte der US-amerikanische Historiker G. B. Singh, das Bild von Gandhi, das in großen Teilen der Welt noch immer virulent ist, beruhe auf der Irrationalität und Täuschung von Historikern, die nicht gründlich recherchiert hätten. Ein anderer, ebenfalls von vielen Menschen weltweit verehrter Mann machte schon 1985 seine deutliche Distanz zu Gandhi bekannt. Es war der Sektenführer Bhagwan, der damals schrieb: »Falls Sie Gandhi für einen pazifistischen, redlichen und sympathischen Freiheitskämpfer halten, sind Sie einer jahrzehntelangen Propaganda auf den Leim gegangen. Gandhi war ein rassistischer religiöser Fanatiker, dessen Reden und Taten von einer tiefen Verachtung für menschliches Leben geprägt waren.« Er habe eine wichtige Rolle beim Erhalt des menschenverachtenden Kastenwesens und der Unterdrückung der Unberührbaren gespielt. Er habe Gewaltlosigkeit gepredigt, aber sei kein gewaltloser Mann gewesen. »Predigen ist das eine – danach zu leben das andere.« Und so kam der

Bhagwan zu dem Schluss: »Ich kann Mahatma Gandhi nicht lieben. Er war ein Heuchler, ein gerissener Politiker.« Sicher ist: Gandhis »große Seele« hat viele dunkle Flecken.

Leni Riefenstahl

Ein Genie aus Deutschland

Sie gilt weithin als eines der größten Talente, die es jemals im (Dokumentar-)Film gegeben hat. Sie habe in ihren legendären Werken wie *Triumph des Willens* oder den Filmen *Fest der Völker* und *Fest der Schönheit* über die Olympische Spiele 1936 neue Techniken zum Teil erfunden, zum Teil erst zur Perfektion gebracht, sagen ihre Fans. Sie hat nachfolgende Filmemacher stark beeinflusst, zum Beispiel Quentin Tarantino bei seinem Film *Inglourious Basterds* und George Lucas, der bei seinen »Star Wars«-Filmen auf Ideen Riefenstahls zurückgriff. Ebenso hat sie mannigfach Eingang in die Welt der Werbefilmer und -fotografen erfahren, und wer sich manche Rammstein-Videos anschaut, fühlt sich direkt in einen Riefenstahl-Film versetzt. Längst ist Leni Riefenstahl, die Schauspielerin, Regisseurin, Produzentin und Drehbuchautorin in einer Person war, Teil der modernen Popkultur. Die Frauenrechtlerin Alice Schwarzer machte sie auch noch zu einer Vorkämpferin des Feminismus, Jodie Foster und Madonna planten, Filme über ihr Leben zu drehen und selbst die Hauptrolle zu spielen.

Doch sie war nicht nur diese vermeintlich so strahlende Lichtgestalt der Filmwelt, sondern auch Adolf Hitlers Scheinwerferin, wie der Historiker Lutz Kinkel sie in seiner Biografie nennt. Vielen ihrer weltweit zahllosen Fans ist es heute zwar ziemlich egal, welche düstere Rolle sie einst für die Propaganda des Dritten Reichs spielte, in dem sie das Nazi-Regime, allen voran den »Führer«, ins helle Licht stellte. Sehr weit verbreitet ist längst die Meinung, dabei habe es sich doch irgendwie um lässliche Sünden gehandelt. Schließlich hätten während der Zeit des Nationalsozialismus viele Künstlerinnen und Künstler »mitgemacht«. Das stimmt, trifft allerdings nur auf diejenigen zu, die in Deutschland blieben – nicht auf die vielen, die vor den Nazis ins Ausland flohen oder wie Marlene Dietrich und Erich Maria Remarque nach Hitlers »Machtergreifung« 1933 nicht wieder zurückkehrten.

»Schwamm drüber«, so lautet sehr häufig die Reaktion der Fans ihrer Film- und Fotokunst sowie einer sich sonst häufig betont kritisch gebenden linksliberalen Kulturelite. Und das gilt vor allem außerhalb Deutschlands in Ländern wie den USA oder Japan. Hierzulande ist die Zahl ihrer Anhänger ebenfalls groß und auch hier wächst die Bereitschaft, ihre Verstrickung in den Nationalsozialismus durch ihre große Kunst überstrahlen zu lassen. Jodie Foster und Madonna sahen von ihren Filmplänen aber doch lieber wieder ab. Wahrscheinlich nicht, weil Leni Riefenstahl

Leni Riefenstahl 1902–2003

ihnen zu kontaminiert ist, sondern weil sie Angst vor rufschädigenden Debatten mit diesen ewig mäkelnden Kritikern hatten.

Riefenstahl selbst hat bis zu ihrem Ende – sie starb am 8. September 2003 im Alter von 101 Jahren – stets vehement jede Kritik, sie habe mit ihren Propagandafilmen ihren persönlichen Freund Adolf Hitler und den Nationalsozialismus effektiv unterstützt, strikt von sich gewiesen. Sie sei völlig unpolitisch gewesen, nur an ihrer Kunst interessiert und habe von den Verbrechen nichts gewusst und sie auch nicht durchschaut. Darüber zu diskutieren ist müßig, denn die Gegenbeweise sind erschlagend. Jeder muss für sich selbst entscheiden, ob er über ihre Schuld heute hinwegsehen möchte und kann. Viele stimmen wahrscheinlich heute dem Spruch des Filmhistorikers Liam O'Leary zu, der anlässlich ihres Todes schrieb: »Sie war ein künstlerisches Genie und ein politischer Trottel.«

Eine Frage stellt sich allerdings, nachdem 2020 neue Erkenntnisse über Leni Riefenstahl ans Licht der Öffentlichkeit kamen: War sie eigentlich tatsächlich das große Genie, als das sie seit Jahrzehnten dargestellt wird? Ein genauer Blick wirft ein sehr dunkles Licht auch auf diese Seite Riefenstahls.

Hitlers Blenderin

Denn im Jahr 2020 veröffentlichte die Journalistin und Dokumentarfilmerin Nina Gladitz ein auf jahrzehntelangen Recherchen basierendes Buch, das mit dem Bild des großen Genies ein gutes Stück aufräumte. Die ein Jahr später verstorbene Autorin hatte in einem ziemlich abgelegenen Ort, im Archiv der sachsen-anhaltischen Stadt Dessau, neue Dokumente gefunden, die bis dahin völlig unbekannt waren. Sie ergeben ein Bild Riefenstahls, in dem sie nicht das strahlende Genie ist, sondern ihr Talent darin beweist, die Fähigkeiten eines anderen echten Künstlers mit brutalen Mitteln und unter Missbrauch ihrer persönlichen Nähe zu Adolf Hitler auszunutzen. Es geht um den Kameramann und

Fotografen Willy Zielke. Nina Gladitz, die sich bereits seit den früheren Achtzigerjahren an Riefenstahl abarbeitete und von ihr vor Gericht gezerrt wurde, fasste ihre neuen Erkenntnisse in ihrem Buch *Leni Riefenstahl – Karriere einer Täterin* zusammen.

Ein antisemitisches Machwerk als Krönung

Bevor wir in die eigentliche Geschichte einsteigen, welche die Erzählung von Leni Riefenstahl als große Künstlerin weitgehend als Legende enttarnt, nur kurz eine Anmerkung. Erstens konnte Gladitz auch nachweisen, dass Riefenstahls letzter Film *Tiefland* bei Weitem nicht der angeblich unpolitische Film war, als den ihn die zahllosen Riefenstahl-Expertinnen und -experten jahrzehntelang beschrieben. Auch wenn der Film als rührselige Liebesgeschichte daherkommt, handelt es sich tatsächlich um ein höchst antisemitisches Werk, mit dem die NS-Propaganda den Holocaust, die Ermordung von sechs Millionen Juden, rechtfertigen wollte. Letztlich aber wird durch Gladitz' Erkenntnisse nur das noch einmal ins grelle Licht gerückt, was längst jeder wissen kann: dass Leni Riefenstahl eine überzeugte Propagandistin Hitlers und des Nationalsozialismus war.

Doch vollends erlischt das Leuchten der Lichtgestalt Leni Riefenstahl durch die Forschungen zu ihren angeblichen künstlerischen Fähigkeiten. 1934/35 stand sie zwar im Rampenlicht der Öffentlichkeit, nachdem sie die beiden Filme über die Reichsparteitage 1933 und 1934 im persönlichen Auftrag Hitlers gedreht hatte. In den beiden Streifen hatte sie neue Techniken angewendet oder solche, mit denen vorher schon andere gearbeitet hatten, weiterentwickelt. Doch niemand wusste besser als Riefenstahl selbst, dass sie ohne ihre sehr fähigen Kameramänner dazu niemals in der Lage gewesen wäre. Und die Huldigungen in der Nazi-Presse und die Ehrungen für ihre Filme konnte man nicht wirklich ernst nehmen. Denn die Zeitungen in Deutschland waren von Propagandaminister Joseph Goebbels längst gleichgeschaltet; ab 1935 stand selbst die Filmkritik unter schärfster Kontrolle und war nicht mehr ansatzweise frei.

Riefenstahl selbst war zu dieser Zeit, wenn sie nicht gerade im Rampenlicht strahlte, eher von düsterer Stimmung. Ihre Karriere war, bevor Hitler sie zu seiner persönlichen Filmemacherin machte, nicht unbedingt nach ihren Wünschen verlaufen. Sie hatte einige Filme wie *Die weiße Hölle vom Piz Palü* oder *Die Stürme über dem Mont Blanc* gedreht und dabei mit bekannten Regisseuren wie Arnold Fanck gearbeitet. Sie war zu Beginn des Dritten Reichs ein Filmstar, wenn auch keiner aus der ersten Reihe, der beim Publikum ankam, bei der Kritik aber auf differenzierte Reaktionen stieß. Das reichte einer von Ehrgeiz zerfressenen Schauspielerin, wie Leni Riefenstahl es war, bei Weitem nicht aus. Schon ihre zunächst angestrebte Karriere als Ausdruckstänzerin war gescheitert. Angeblich aufgrund einer Knieverletzung, wie sie selbst in ihren Memoiren aus dem Jahr 1987 behauptete, die an vielen Stellen reine Märchenerzählungen sind. Möglicherweise hatte sie diese Verletzung auch nur zum Vorwand für den Ausstieg genommen, weil sie erkannte, dass sie schlicht nicht gut genug war für eine Karriere als Tänzerin. Der bekannte Kritiker Fred Hildebrand hatte damals geschrieben: »Dieses sehr schöne Mädchen ringt wohl inständig um einen Rang neben den dreien, die man ernst nimmt: der Impekoven, der Wiegmann, der Gert. Und wenn man dieses vollkommen gewachsene hohe Geschöpf in der Musik stehen sieht, weht eine Ahnung daher, dass es Herrlichkeiten im Tanz geben könnte, die keine von jenen dreien zu tragen und zu hüten bekam, nicht der heroische Gongschlag der Mary, nicht der süße Geigenlauf der Niddy, nicht die grausame Trommel der Valeska: die Herrlichkeit der Tänzerin, die alle tausend Jahre wiederkehrt. Aber dann beginnt dieses Mädchen ihren Leib zu entfalten, die Ahnung verweht, der Glanz ergraut, der Klang verrostet.« Ein anderer Tanzkritiker schrieb etwa zur selben Zeit: »Knie- und Hüftgelenke erscheinen zuweilen etwas eingerostet …« Das war vernichtend für die extrem ehrgeizige junge Frau. Und Riefenstahls Knieverletzung kam ihr vielleicht ganz gelegen, wenn sie nicht pure Erfindung ist.

Sie schaffte es dann zum Film und wurde auch eine passable Schauspielerin – aber sicher kein Jahrhunderttalent wie Greta Garbo oder Marlene Dietrich. Die Dietrich schnappte ihr 1930 auch die Rolle der Lola in *Der Blaue Engel* weg, die sie mit einem Schlag weltberühmt machte. Riefenstahl hatte sich für die Rolle beworben, doch nach dem Vorspielen wurde die Konkurrentin genommen. Solche Zurücksetzungen vertrug sie gar nicht.

Einen großen Fan hatte sie, seit dieser 1932 erstmals einen Film mit ihr gesehen hatte: Adolf Hitler. Er kündigte ihr bei einem privaten Treffen in Wilhelmshaven an, sie zu seiner Regisseurin zu machen, sobald er erst einmal an der Macht sei. Und er hielt Wort – 1933 bis 1935 durfte sie die Filme über die Reichsparteitage in Nürnberg drehen. Sie fanden ein Millionenpublikum, wovon andere Filmschaffende nur träumen konnten. Aber das lag in erster Linie an den politischen Umständen, denn diese Filme drückten die Begeisterung einer wachsenden Zahl von Deutschen für Hitler aus.

Propagandaminister Joseph Goebbels behauptete in seinem Tagebuch, Riefenstahl habe den Auftrag für den ersten Film 1933 begeistert angenommen, aber daran sind gewisse Zweifel erlaubt. Riefenstahl fühlte sich selbst der Aufgabe gar nicht gewachsen und vor allem der zweite Film *Triumph des Willens* trieb sie im Winter 1934/35 in die pure Verzweiflung, wie mehrere Zeitzeugen bestätigten. Beim Schneiden des Films geriet sie angesichts des riesigen Berges an Material, das sie hatte drehen lassen, in Verzweiflung, ja in Panik. Nervenzusammenbrüche und Tobsuchtsanfälle der herrischen Chefin waren die unangenehme Folge für ihre fast ausschließlich männlichen Mitarbeiter, die zwar zum Teil große Könner waren, die sie aber wie Untergebene behandelte. Endlich schaffte sie es, den

Film fertigzustellen. Anschließend machte sie sich an ein großes Filmprojekt, von dem sie wusste, dass es Hitler sehr am Herzen lag: *Tiefland.*

Der Film basiert auf der gleichnamigen Oper von Eugen d' Albert. Darin geht es um den Großgrundbesitzer Sebastian, der die 14-jährige Tänzerin Martha sexuell missbraucht, indem er seine Machtstellung ausnutzt. Voller Wut darüber wird er von einem Schäfer ermordet. Es geht in diesem sozialkritischen Stück also um das Thema Kindesmissbrauch. Riefenstahl aber machte etwas ganz anderes daraus. Ziel des Films war die propagandistische Vorbereitung des Holocausts. Das hatte er mit *Jud Süß* und *Der ewige Jude* gemein. Aber es gab, so Gladitz überzeugend, einen grundlegenden Unterschied. Denn während die zwei anderen Filme den Ist-Zustand, so wie die Nazis ihn in ihrem Rassenwahn sahen, zeigen sollten, ging *Tiefland* darüber hinaus. Die anderen Filme sollten zeigen, wie die Juden angeblich das deutsche Volk aussaugten, es mit subversiven Methoden hinterhältig bekämpften und schwächten. Das war in den Augen der NS-Propaganda wichtig, um dem Volk klarzumachen, welche Gefahr die Juden angeblich darstellten – und weshalb ihre Vernichtung so wichtig sei.

Tiefland aber ging einen Schritt weiter. Dieses Nazi-Machwerk sollte in seiner niemals gezeigten Originalversion zeigen, was mit den Juden passieren sollte, nachdem diese Erkenntnis sich überall durchgesetzt haben würde: Sie sollten vernichtet werden. Die Rollenverteilung in dem Film ist klar: Ein böser Großgrundbesitzer steht stellvertretend für die Juden, ein von ihm missbrauchtes Mädchen für das deutsche Volk; ihr Film-Retter war im wahren Leben Adolf Hitler. Und aus dem Mädchen wurde eine starke Rachegöttin, gespielt von Leni Riefenstahl. In der Oper geht dieses Mädchen aus Verzweiflung ins Wasser, in Riefenstahls Werk aber stiftet sie als Rachegöttin ihren Mann, einen einfachen Schäfer, zum Lynchmord an ihrem reichen Vergewaltiger an. Dass Riefenstahl als 40 Jahre alte Frau eine 14-Jährige spielte und dabei auf geradezu groteske Weise scheitern musste, sei nur nebenbei bemerkt.

Diese Szene ist sehr aufschlussreich für die Aussage, die der Original-Film Riefenstahls machte. Denn als der Schäfer den Großgrundbesitzer vor einer Reihe von Dorfbewohnern ermordet und dieser die Zuschauer um Hilfe bittet, verweigern sie ihm diese Hilfe. Stumm stehen sie im Kreis und schauen mit heimlichem, aber unverhohlenem Wohlwollen dem Mord zu. Die Analogien zum wahren Leben, wie die NS-Propaganda sich sie wünschte, liegen auf der Hand: Das deutsche Volk schaue tatenlos und mit heimlicher Freude zu, wie der Nationalsozialismus die Juden ermordet. Hitler liebte die Ursprungsoper und er erkannte natürlich die Chancen, die in der Uminterpretation des Stoffs lagen. Daher legte er großen Wert auf das Projekt.

Ein gefährlicher Konkurrent

Aber Riefenstahl fühlte, dass dieser Film sie überfordern würde. Schlimmer war aber noch, dass es einen Konkurrenten unter den Filmschaffenden gab, einen großen Könner, der meisterhaft genau mit den Mitteln arbeitete, die sie auch anwenden wollte. Der Mann hieß Willy Zielke, war Kameramann und Fotograf. Zielke drehte 1934 einen Film, der ursprünglich *Arbeitslos – das Schicksal von Millionen* hieß. Von dem Streifen war Rudolf Hess, der »Stellvertreter des Führers«, sehr angetan. Er ließ ihn überarbeiten und verpasste ihm den neuen Titel *Die Wahrheit*. Zielke, der kein Anhänger der Nationalsozialisten war, fügte sich, weil er hoffte, zumindest auf cineastischem Gebiet mit ihnen ins Geschäft zu kommen. Nach der Fertigstellung ließ Hess ihn Riefenstahl vorführen – und für sie war der Film vermutlich ein Schock. Denn sie habe »den künstlerischen Abgrund« zwischen sich selbst und Zielke sofort erkannt und ihr wurde klar, dass sie die Lücke nur mit seiner Hilfe würde schließen können, so die Auffassung von Nina Gladitz. Etwas war ihr allzu bewusst: Nur er könnte ihren eigenen Filmen die nötige künstlerische Aufwertung verschaffen, die sie brauchte, um dauerhaft ganz oben in Hitlers Ansehen zu stehen. Zielke sah sie von nun an als ihren schlimmsten Konkurrenten an. Und sie stand vor einer schwierigen Aufgabe: Sie musste ihn als Konkurrenten ausschalten und zugleich zur Zusammenarbeit bewegen – oder zwingen.

Im folgenden Jahr erfolgte der nächste Schock: Zielke hatte im Auftrag der Reichsbahn den Film *Das Stahltier* gedreht, ebenfalls ein Dokumentarfilm. Der Film war ein avantgardistisches Meisterwerk, das bei der Führung der Reichsbahn auf große Anerkennung stieß. Riefenstahl gelang es aufgrund ihrer guten persönlichen Kontakte, den Film zu sehen, bevor er Goebbels vorgeführt wurde. Sie schaffte es, den Film hinter seinem Rücken verbieten zu lassen, weil er angeblich politisch nicht korrekt sei, bevor Goebbels den Film überhaupt gesehen hatte. In Wahrheit fand der Propagandaminister *Das Stahltier* gut, aber er konnte die Verbotsentscheidung später nicht mehr rückgängig machen, nachdem sie einmal bekannt geworden war. Der Film wurde später häufig als Lehrfilm für Filmstudenten gezeigt – ein untrügliches Zeichen dafür, wie gut er war. Aber öffentlich lief er nie. Zielke hatte keine Ahnung, warum das so war. Er war verzweifelt und verunsichert, fühlte sich beruflich am Ende, da er auch keine neuen Aufträge bekam. Aber aufgeben wollte er nicht.

Riefenstahl hatte mit Hinterlist dafür gesorgt, dass *Das Stahltier* niemals in der Öffentlichkeit gezeigt wurde und dass auch ihr Freund und großer Förderer Hitler ihn niemals sehen würde. Aber damit war die Gefahr, die von Zielke ausging, keineswegs für immer und ewig gebannt. Doch durchtrieben, wie sie war, erkannte sie schnell eine Chance, wie sie Willy Zielke, dem sie sich so unterlegen fühlte, zu einer Zusammenarbeit oder besser: zu einer Unterordnung zwingen konnte. Denn Willy Zielke war bisexuell. Der verheiratete Mann liebte nicht nur Frauen, sondern auch Männer – ein unverzeihliches »Verbrechen« in den Augen der Nazis. Gerade im Juni 1934 ließ Hitler unter dem Vorwand eines angeblichen Putsches den SA-Führer Ernst Röhm ermorden – auch weil seine homosexuellen Neigungen weithin bekannt waren. Von nun an verfolgte das NS-Regime systematisch Homosexuelle, ließ sie in Konzentrationslager stecken und ermordete Tausende. Jeder Mann, der bekannt war für gleichgeschlechtliche Neigungen, war in ständiger Lebensgefahr. Das galt auch für Zielke – und Riefenstahl, die selbst bisexuelle Neigungen und Beziehungen zu Frauen hatte, war gewillt, das auszunutzen.

Doch als Riefenstahl sich an *Tiefland* machen konnte, den Film, mit dem sie sich und Hitler einen großen Wunsch erfüllen wollte, machte ihr Goebbels ein überraschendes Angebot: Sie bekam den Auftrag, einen Film über die Olympischen Spiele 1936 in Berlin zu drehen. Eine großartige Chance. Aber Riefenstahl spürte den großen Druck, der durch dieses Filmprojekt, für das die Reichsregierung viel Geld gab, auf ihr lastete. Sie fühlte sich, so Gladitz, einmal mehr überfordert. Aber sie wusste, wer ihr helfen konnte: Willy Zielke.

Nach dem Verbot seines Films saß Zielke verzweifelt und beschäftigungslos zu Hause und brauchte Geld. Als plötzlich die berühmte Leni Riefenstahl einen Emissär mit dem Angebot zu ihm schickte, für sie am Olympia-Film mitzuarbeiten, war er überrascht und schlug ein. Riefenstahl gab vor, für seinen Film *Das Stahltier* bei Goebbels gekämpft zu haben, und so stellte sie es auch später, nach dem Ende der Nazi-Zeit, dar. Das war zwar das Gegenteil der Wahrheit, aber das konnte Zielke nicht wissen. Er begab sich in die Hände der Regisseurin, aus denen er sich bis zum Ende des Dritten Reichs nicht mehr befreien konnte. Riefenstahl erpresste und nötigte ihn, sie bestahl ihn und hatte über Jahre buchstäblich sein Leben in ihrer Hand. Aber sie brauchte ihn und nur deshalb überlebte er die Zeit bis 1945.

Riefenstahl wird seit Jahrzehnten für ihre innovativen Aufnahmetechniken der zwei Olympia-Filme gelobt. Ohne ihre fähigen Kameramänner, die ihr allesamt treu ergeben und von ihr abhängig waren, wären die Filme aber niemals so erfolgreich geworden. Willy Zielke, ihren besten Kameramann, betraute sie mit der äußerst wichtigen Aufgabe, den Prolog zu *Fest der Völker* auf der Kurischen Nehrung zu drehen. Zielke drehte unter anderem die berühmten Szenen mit dem jungen Anatol Dobriansky, einem Sohn russischer Flüchtlinge, die in die Filmgeschichte eingingen. Ebenso machte er eine ganze Reihe von Fotografien von ihm, die heute ikonisch sind.

Während der Schneidearbeiten an den Olympia-Filmen war Riefenstahl aber unzufrieden mit Zielkes Aufnahmen. 1937 machte sie sich an die Arbeit, den fertigen Prolog neu zu schneiden, gegen den Protest Zielkes. Was dann passierte, beschreibt Nina Gladitz so: Riefenstahl musste schnell feststellen, dass ihr Vorhaben so gut wie unmöglich war, denn sie hatte entweder nicht bedacht oder nicht gewusst, dass Zielkes Fassung auf seiner Technik der Überblendungen beruhte, die er beim Drehen direkt in der Kamera festgelegt hatte. Das war eine hohe Kunst, die nur sehr wenige Kameraleute so beherrschten wie er – und Leni Riefenstahl gehörte ganz gewiss nicht dazu. So musste sie mit dem neuen Schnitt zwangsläufig scheitern, denn während des Drehens hergestellte Überblendungen unterscheiden sich sowohl in mechanischer als auch in ästhetischer Hinsicht von solchen Überblendungen, die mithilfe einer Kopiermaschine gemacht werden. Anders als bei Überblendungen aus der Kopiermaschine konnten sie bei Zielkes Technik nicht einfach getrennt werden. Denn dabei wurde das Negativ zweimal belichtet, indem man es nach der ersten Aufnahme in der Kamera zurückspult. Gladitz: »Will man in einen auf diese Weise konzipierten Film eingreifen, verliert man dabei zwangsläufig sehr viele Bilder, sodass der Film automatisch seinen ursprünglich intendierten Rhythmus und seine künstlerische Aussage verliert.«

Nachdem *Fest der Völker* und *Fest der Schönheit* an Hitlers 49. Geburtstag 1938 in Berlin uraufgeführt worden waren, ließ Riefenstahl Willy Zielkes Namen aus den Credits entfernen und eignete sich damit seine Leistung an. Im Jahr zuvor hatte sie bereits die Fotos, die Zielke während der Aufnahmen gemacht hatte, aus seiner Wohnung gestohlen – mit fatalen Folgen bis heute. Zielke konnte sich zu diesem Zeitpunkt nicht mehr gegen seine Widersacherin, als die sich seine angebliche Förderin längt erwiesen hatte, wehren. Denn hemmungslos sorgte sie dafür, dass er in eine Anstalt für Geisteskranke eingeliefert wurde und hier mit einer kurzen Unterbrechung unter schlimmen Bedingungen bis 1944 blieb. Hier konnte er ihr keine Gefahr sein, keine Konkurrenz. Sie ließ ihn hier verwahren, bis sie ihn 1944 dringend für ihr *Tiefland*-Projekt brauchte.

Wie kam es zu der Einweisung Zielkes und welche Rolle spielte Riefenstahl dabei? Nach dem verlorenen Streit mit ihr um den Prolog verfiel Zielke immer mehr in Depressionen. Er erkannte, dass er ohne die Unterstützung der allmächtigen Regisseurin keine Chance hatte, weitere Aufträge aus der Filmbranche zu bekommen. Doch Riefenstahl dachte gar nicht daran, ihn zu unterstützen, ganz im Gegenteil. Sie wollte ihn zu ihrem willfährigen Instrument machen, das sie benutzen konnte, wann immer sie es brauchte. Nachdem Zielke sich unter dem psychischen Druck, unter dem er stand, bei einer Gelegenheit auffällig verhalten hatte, wurde er in eine Nervenklinik eingewiesen. Riefenstahl wurde darüber informiert, wie sie sogar in ihren Memoiren zugab. Sie war der Grund für seinen schlechten mentalen Zustand, aber ob sie ihre Finger im Spiel hatte, ist unklar – die Möglichkeit dazu hätte sie aufgrund ihrer Bekanntheit und ihrer Nähe zur NS-Spitze gehabt. Und auf jeden Fall hätte ein kurzer Fingerzeig von ihr ausgerecht, ihn wieder herauszuholen.

Die Akten zu Zielkes Behandlung, zuerst im Krankenhaus München-Schwabing, dann in der Anstalt Egelfing/Haar, waren zwischen dem Ende des Krieges und dem Jahr 2017 verschwunden, dann fand Nina

Gladitz sie wieder. Aus ihnen geht hervor, dass die Ärzte die Diagnose Schizophrenie stellten und Zielke Verfolgungswahn attestierten. Schließlich erfolgte die Diagnose, dass der Patient aufgrund seiner bekannten Bisexualität und seiner angeblichen Geisteskrankheit »fortpflanzungsunfähig« sei. Als Folge wurde Willy Zielke, der inzwischen in die Nervenklinik Friedenheim in München verlegt worden war, gegen seinen Willen zwangssterilisiert. Diesen brutalen Eingriff hätte Riefenstahl leicht verhindern können, wenn sie es gewollt hätte. 1946, also nach dem Ende des Dritten Reichs, als sich Zielke aus dem Griff Riefenstahls hatte befreien können, kam ein unabhängiges ärztliches Gutachten zu dem Urteil, dass er niemals krank gewesen sei.

Doch Zielkes Schicksal war, wenn nicht von Riefenstahl herbeigeführt, so doch sehr in ihrem Sinn. Denn Zielke war ausgeschaltet und zugleich wurde er verwahrt, bis sie ihn wieder brauchte. Riefenstahl hätte vermutlich jederzeit ihren Einfluss geltend machen können, um ihn aus der Klinik zu befreien, und sie hätte auch seine Zwangssterilisierung verhindern können – ein kurzes Gespräch mit Hitler oder Goebbels hätte dazu gereicht. Es gehört aber auch zur Wahrheit, dass ihr eigennütziges Interesse an Zielke ihm das Leben rettete, denn vermutlich wäre er sonst wegen seiner angeblichen Geisteskrankheit umgebracht worden – ein Schicksal, das Zehntausende andere erleiden mussten. Zielkes Frau ließ sich von ihm scheiden, auch das war ein Erfolg Riefenstahls, die ihr sicher dazu geraten hatte.

1937 nutzte sie die Situation, begab sich zu Zielkes Wohnung und stahl die Fotos, die er während der Aufnahmen zum Prolog der Olympia-Filme gemacht hatte. In ihren Memoiren behauptete sie später, Zielke habe sie in einem Tobsuchtsanfall zerstört, doch das hat mit der Wahrheit nichts zu tun. Denn die Fotos tauchten später wieder auf und werden auf Ausstellungen und in Galerien gezeigt, vom Publikum bestaunt und von den Filmhistorikern mit Ehrfurcht genannt. Nur der mit der Urheberschaft verbundene Name hat sich geändert: Statt Willy Zielke werden sie jetzt Leni Riefenstahl zugeschrieben. So beschreibt es Nina Gladitz. Das macht die Fotos für viele interessanter und verkauft sich besser. So zeigte beispielsweise der polnische Künstler Pitor Uklanski auf der »Documenta« 2017 in Kassel Foto-Installationen mit Werken, die ausschließlich von Zielke stammen, die Uklanski aber Riefenstahl zuschrieb. Besonders absurd war es, dass Uklanski das Ziel propagierte, mit seiner Arbeit unter dem Titel »The Real Nazis« einen kritischen Blick auf den »dunklen Glamour« der Nazi-Clique und deren populäre Kultur zu demonstrieren. Tatsächlich förderte er das positive Bild einer Nazi-Ikone unter Vorspiegelung falscher Tatsachen.

Das angebliche Genie braucht Hilfe

Während Zielke in der Nervenklinik zusehends verkümmerte und jeden Lebenswillen verlor, ja, sogar an Selbstmord dachte und nicht zuletzt in ständiger Lebensgefahr schwebte, machte sich Riefenstahl an das Werk, das sie Hitler sehr nahebringen sollte: das Filmprojekt *Tiefland*. 1939/40 begann sie mit den Vorbereitungen. Ihr war klar, dass sie diesen Film aufgrund ihrer eigenen mangelhaften Fähigkeiten nicht so hinbekommen würde, wie Hitler das erwartete. Nicht nur war der Film eine Herzensangelegenheit des »Führers«, er bezahlte das Projekt auch mit mehreren Millionen Reichsmark aus der Kasse der NSDAP – und das mitten im Krieg.

Jetzt, mehrere Jahre nach seiner Einlieferung in die Nervenklinik, war es so weit: Riefenstahl benötigte Zielkes Fähigkeiten und wollte ihn reaktivieren. Wie eine Filmkamera, die man nur für bestimmte, besonders anspruchsvolle Aufnahmen benutzt und so lange gut verstaut aufbewahrt. So ließ sie ihm im März 1940 über einen Mittelsmann vorschlagen, an dem Film mitzuarbeiten, im Gegenzug sollte er entlassen werden. Doch zur ihrer großen Überraschung lehnte Zielke, dem es inzwischen sehr schlecht ging, ab. Lieber wollte er in der Klinik sterben oder als »Geisteskranker« im Zuge der nationalsozialistischen Euthanasie vergast werden, als sich wieder in die Gefangenschaft Riefenstahls zu begeben. Denn genauso empfand er die Aussicht, mit ihr als Chefin wieder zusammenzuarbeiten. Riefenstahl war verzweifelt, denn sie fürchtete sich geradezu davor, den Film ohne Zielke drehen zu müssen. Ihre hinterhältige Taktik, ihn in der Anstalt verwahren zu lassen, bis sie ihn wieder brauchte, schien sich nicht auszuzahlen. Doch sie gab noch nicht auf. 1942 begannen die Filmarbeiten, bei denen sie oft Tobsuchts- und Verzweiflungsanfälle bekam. Nur die Schlussszene, auf die der ganze Film hinausläuft und die seine Aussage endgültig klarmacht – die ausbeuterischen Juden, gegen die das unterdrückte Volk sich wehrt – sparte sie sich bis zum Schluss auf. Denn ihr war klar, dass sie diese Szene ohne Zielkes Hilfe nicht würde drehen können, um Hitler zufriedenzustellen.

In ihren Memoiren stellte Riefenstahl die Entlassung als einen Akt des Widerstandes gegen Hitler dar – nicht allerdings von Zielke, sondern von ihr selbst. Denn sie habe sie gegen Zwänge und Widerstände durchsetzen müssen. Bei dieser Aussage handelte es sich einmal mehr um pure Erfindung. In Wahrheit tat Hitler alles, um den Erfolg von *Tiefland* zu ermöglichen. Und jeder, der mit ihr zu tun hatte, wusste, dass sie unter seiner direkten Protektion stand. Das galt natürlich auch für die Ärzte in der Nervenklinik. Niemand hätte gewagt, ihrem Ansinnen auf Entlassung Zielkes zu widersprechen.

Nach dem Ende der Aufnahmen im Filmstudio Babelsberg besuchte sie im August 1942 erstmals nach fünf Jahren wieder Zielke persönlich, um ihm erneut vorzuschlagen, ihr zu helfen. Diesmal sagte er Ja, denn es ging ihm in der Klinik inzwischen mental und körperlich so schlecht, dass ein Überleben keineswegs gesichert war. Das Dasein in der Klinik, so schrieb er in seinen nicht veröffentlichten Memoiren, sei nur noch ein Warten auf den Tod gewesen. Leni Riefenstahl sorgte dafür, dass er freikam. Sie hatte ihr Ziel mit List, Tücke, Boshaftigkeit und Rücksichtslosigkeit doch noch erreicht. Nachdem sie in hohem Maße mitverantwortlich für seine Lage war, rettete sie nun sein Leben, aber nur aus eigennützigen Gründen.

Zielke begann, wieder für sie zu arbeiten, doch es gab immer wieder Streit und er war in ihren Augen häufig renitent. Für die herrische Riefenstahl war jeder Widerspruch ihrer Mitarbeiter, die sie wie rechtlose Untergebene behandelte, per se renitent. Als er ihr zu aufmüpfig wurde, zeigte sie ihre ganze Kaltschnäuzigkeit und Kaltherzigkeit. Sie schrieb einen Brief an Zielkes Stiefvater, in dem sie unverhohlen damit drohte, ihn wieder einweisen zu lassen – was ohne jeden Zweifel seinen sicheren Tod bedeutet hätte. Sie unterband solches Verhalten strikt, zumal in dieser so wichtigen Phase ihrer Karriere, in der sie dabei war, ihr wichtigstes Filmprojekt fertigzustellen. Zielke musste sich einmal mehr fügen, aber er wusste und konnte vieles besser als sie und das musste sie sich insgeheim eingestehen. Ihr herrisches Auftreten ihm gegenüber war letztlich Ausdruck ihres Unterlegenheitsgefühls. Er hatte die Klinik mit der Gefangenschaft unter Riefenstahls persönlicher Herrschaft über ihn eingetauscht. Da er psychisch schwer unter der Situation und seiner völligen Abhängigkeit von ihr litt, wusste er nicht, was schlimmer für ihn war.

Die letzten wichtigsten Aufnahmen von *Tiefland* wurden schließlich im September 1944 in Prag gedreht. Anschließend mietete sich Riefenstahl mit einem Team in einem luxuriösen Chalet in Kitzbühel ein, um den Film zu schneiden und fertigzustellen. Für ihren Einzug mussten Offiziere der Wehrmacht, die sich dort gerade einquartiert hatten, das Haus räumen. Das zeigt, welchen großen Einfluss Leni Riefenstahl selbst in dieser allerletzten Phase des Dritten Reiches noch hatte. Aber sie war erneut mit der Bearbeitung des Materials völlig überfordert und brauchte die Hilfe ihres wichtigsten Mannes, ohne den sie ihr Werk nicht vollenden konnte: Willy Zielke. Er musste den Film schneiden, unter der strengsten Aufsicht seiner Chefin. Sie behandelte ihn wie einen Gefangenen oder besser: wie einen Sklaven: Er durfte keinen Kontakt nach außen haben, sie gab ihm nur einen Teil der ihm zuständigen Essensrationen, sodass er unter ständigem Hunger und sogar Hungerödemen litt und immer schwächer wurde. Und er lebte unter ihrer ständigen Kontrolle. Erst als sich seine Mutter und seine neue Lebenspartnerin Ilse nach Wochen sehr große Sorgen um ihn machten und um sein Leben fürchteten, reiste Ilse nach Kitzbühel. Sie war erschreckt, als sie den Zustand ihres Freundes sah und holte ihn schließlich heimlich nach Hause. Kurz darauf wurde Riefenstahl von der französischen Armee verhaftet, denn inzwischen war das Dritte Reich am Ende.

Sie wurde sowohl von Franzosen als auch von den Amerikanern auf ihren Listen der Kriegsverbrecher geführt. Während die Franzosen sie gerne auf der Anklagebank der Nürnberger Kriegsverbrecherprozesse gesehen hätte, wollten die Amerikaner sie lediglich als Zeugin verhören. Nach einer kurzen Inhaftierung wurde sie auf freien Fuß gesetzt. In einem absurden »Entnazifizierungsverfahren« wurde sie dreimal freigesprochen und erst im letzten als »Mitläuferin« eingestuft. Ein Grund dafür mag gewesen sein, dass es ihr gelungen war, einen Teil des *Tiefland*-Materials vor der Verhaftung durch die Franzosen zu verbrennen.

Es wurde schon erwähnt, dass ein Gutachten aus dem Jahr 1946 ganz eindeutig ergab, dass Willy Zielke niemals krank war. Es dauerte noch ein Jahr, bis er aus der Entmündigung entlassen wurde; kurz darauf heiratete er seine Freundin Ilse. 1982, 37 Jahre nach dem Ende des Krieges, erhielt er eine lächerliche finanzielle Entschädigung in Höhe von 3000 Mark von der Bundesrepublik Deutschland. Er drehte in den Fünfzigerjahren einige Filme, die zum Teil sogar mit Preisen ausgezeichnet wurden. Aber die Füße auf den Boden bekam er nicht mehr wirklich. 1987 verstarb er.

Leni Riefenstahls größtes Ziel in ihrem langen Leben nach Hitler war, den Namen Zielkes möglichst im Dunkeln der Geschichte verschwinden zu lassen. Und da sie seinen Namen nicht völlig auslöschen konnte, beschrieb sie ihn in ihren manipulativen Memoiren als Geisteskranken, dem sie stets aufopferungsvoll geholfen habe. Historiker sollten zu der Erkenntnis kommen, es lohne sich nicht, sich mit ihm zu beschäftigen. Das gelang ihr geradezu meisterhaft. Keiner der zahlreichen Filmhistoriker, die sich mit ihr beschäftigten, fragte jemals bei ihm nach. Es handelte sich vermutlich um eine Mischung aus Nichtwissenwollen und Standesdünkel der akademischen Historikerzunft. Denn obwohl die Historiker sich durchaus an Riefenstahls Nähe zum NS-Regime abarbeiteten und auch ihre Filme als das beschrieben, was sie waren, nämlich brutale Machwerke der Nazi-Propaganda, so galt es über Jahrzehnte als unschick, an ihrem Image als »große Künstlerin«, als »Genie« zu kratzen. Nein, die deutschen Historiker wollten sich ihre Leni nicht nehmen lassen. Zumal es nicht so sehr viele deutsche Weltstars gibt und die Riefenstahl-Verehrung ja vor allem im Ausland ihre Blüten trieb.

Das gilt auch für die linksliberale deutsche Kulturszene, die sich ansonsten gerne sehr aufgeklärt gibt. Es musste mit Nina Gladitz erst eine Journalistin und Dokumentarfilmerin kommen, die an einem völlig abgelegenen Ort, dem Stadtarchiv Dessau, Unterlagen fand, die Riefenstahls Abhängigkeit von den Fähigkeiten eines anderen und ihre manipulative Vorgehensweise belegt. »Sollte Riefenstahl je ein geniales Talent besessen haben, dann bestand es darin, andere zu betrügen, zu bestehlen und alle Welt darüber zu belügen, wer sie tatsächlich war. Eine wahre Königin der Manipulation, deren wichtigstes Instrument die Filmgeschichtsschreibung war und noch ist, die ihr allzu bereitwillig auf den Leim gegangen war«, schrieb Nina Gladitz 2020 kurz vor ihrem Tod. Ob sich diese Sichtweise durchsetzt, scheint aber fraglich denn Leni Riefenstahl gehört, was ihr künstlerisches Werk betrifft, zu den quasi-heiligen Lichtgestalten, deren Glanz scheinbar nichts eintrüben kann. Auch nicht die Wahrheit.

Carl Hagenbeck

Der Zoo-Visionär

Die Idee war einmalig und hatte ebenso viele Anhänger wie Kritiker: Als Carl Hagenbeck 1907 in Stellingen, damals noch vor den Toren Hamburgs, seinen Tierpark eröffnete, handelte es sich dabei um die erste Einrichtung, in der die Tiere nicht durch hohe Zäune von den Besuchern getrennt waren, sondern nur durch Gräben. Die Besucher waren begeistert, denn diese neue Lösung verschaffte ihnen den Eindruck, sie seien überhaupt nicht von den Löwen und Elefanten und all den anderen exotischen Tieren aus aller Welt, die Hagenbeck in seinem Tierpark versammelte, getrennt – ein wohliger Schauer inklusive. Die Herren Zoodirektoren von der Konkurrenz dagegen traten zum Teil als scharfe Kritiker auf, weil Hagenbeck mit seinem Tierpark in Konkurrenz trat zu einem bereits existierenden Zoo in Hamburg. Das empfanden sie als unerhört. Hagenbeck selbst interessierte sich nicht für solche Mäkeleien und machte, wie die Hamburger so schön sagen, sein Ding. Der Erfolg sollte ihm recht geben. Schon bald gehörte sein Tierpark zu den erfolgreichsten und bekanntesten Zoos in Deutschland. Daran hat sich bis heute nichts geändert. Und um keine deutsche Zoofamilie ranken sich so viele Geschichten und Legenden wie um die Hagenbecks und die mit ihnen verwandten und geschäftlich verbandelten Umlauffs. Seinen wirtschaftlichen Erfolg verdankte Carl Hagenbeck auch seinen Völkerschauen, die vor der Gründung des Tierparks und in den ersten Jahren danach bis zum Ausbruch des Ersten Weltkriegs die Massen anzogen.

Für Tiere hatte sich Carl schon früh interessiert, das Interesse war ihm gewissermaßen in die Wiege gelegt. Sein Vater Gottfried Claes Carl Hagenbeck (1810–1887) war ursprünglich Fischhändler, eröffnete aber zusätzlich einen Tierhandel. Da war Carl noch ein kleiner Junge und so wuchs er auf mit Löwen und anderen exotischen Tieren und entdeckte seine Liebe zu ihnen. Im Alter von 19 Jahren übernahm er diesen Teil des väterlichen Geschäfts. Mit großem Erfolg, denn schon bald war Hagenbeck der wichtigste Vertreter dieser Zunft in ganz Deutschland. Mehrmals im Jahr schickte er Tierfang-Expeditionen zunächst nach Afrika, später auch nach Asien und in andere Gegenden. Ab 1874 kamen Völkerschauen hinzu, in denen auf die Einheimischen exotisch wirkende Menschen aus anderen Teilen der Welt gezeigt wurden. Nachdem er 1887 auch einen Zirkus gegründet hatte, erfüllte er sich schließlich 1907 den lang gehegten Traum, jenen Tierpark zu eröffnen, der vollkommen auf Gitter um die Gehege verzichtete. Den Gedanken daran hatte er

Carl Hagenbeck 1844–1913

schon viele Jahre zuvor gefasst und sich diese für damalige Verhältnisse geradezu sensationelle Idee bereits 1896 patentieren lassen.

Nach seinem Tod 1913 wurde vor Hagenbecks Grab auf dem Friedhof Ohlsdorf eine bronzene Figur seines Lieblingslöwen Triest, der ihm einmal das Leben gerettet hatte, installiert. Bis heute gilt er vielen als Visionär, dessen Idee, Tiere ohne Gitter zu zeigen, viele Menschen begeisterte.

Carl Hagenbeck

Der Menschenaussteller

Die Idee, auch Menschen »auszustellen«, kam ihm gar nicht selbst. 1874 schrieb Carl Hagenbeck einen Brief an seinen Freund, den Kunstmaler Heinrich Leutemann, in dem er ihm mitteilte, dass demnächst eine Herde von Rentieren im Hamburger Hafen eintreffen werde. Leutemann sah die Sache mit den Augen des Künstlers und meinte, es sei doch schade, dass diese Tiere nicht von einer Lappländerfamilie begleitet würde, denn das gäbe doch ein sehr schönes Motiv für ihn, den Maler. Besonders wenn die Begleiter gleich noch ihre Zelte, Waffen, Schlitten und ihren gesamten Hausrat mitbringen würden. »Ihm schwebte sicherlich das malerische nordische Bild vor, das er sich nur in abgeschlossener Vollkommenheit mit Tieren und Menschen vor einer winterlichen Kulisse vorzustellen vermochte«, berichtete Hagenbeck später in seinen Memoiren. So war es wohl, aber dass er mit seiner Bemerkung den Grundstein für eine äußerst erfolgreiche Geschäftsidee legte, war Leutemann sicher nicht bewusst. Hagenbeck aber erkannte sofort das Potenzial: »In diesem Vorschlag lag schon die glückliche Idee der Völkerausstellungen, die sich in den nächsten Jahren wie in bunter Kette aneinanderreihten. Lappländer und Nubier, Eskimos und Somalis, Kalmüken und Inder, Singhalesen und Hottentotten, die Bewohner der entlegensten Erdteile, ja Antipoden, reichten einander in den kommenden Jahren gleichsam die Hände in ihren Wanderungen durch die europäischen Hauptstädte«, so Hagenbeck.

Menschen wurden wie wilde Tiere vorgeführt

Was der Hamburger hier mit einem geradezu idyllischen Unterton beschreibt, bedeutete in Wahrheit nichts anderes, als dass Menschen aus ihrer angestammten Umgebung nach Deutschland und Europa geschafft und in Zoos oder Ausstellungen gezeigt wurden wie wilde Tiere. Es waren neuartige Ethno-Events, bei denen eine ganze Gruppe von Menschen mitsamt Behausungen, Gerätschaften und Nutztieren nach Europa verfrachtet und hier ausgestellt wurden. Auf der einen Seite des Zauns lebten diese menschlichen Ausstellungsstücke in ihrer möglichst »natürlichen« Umgebung, auf der anderen standen die Besucher und blickten auf sie wie auf Löwen, Giraffen oder Elefanten. Die wilden Tiere, die den Anspruch der Europäer auf Exotik befriedigen konnten, wurden durch »Menschenexemplare« ersetzt oder ergänzt, die familien- oder gruppenweise eine »Rasse« oder ein Volk repräsentierten, meist in »authentischer« Umgebung oder Kulisse. Carl Hagenbeck war nicht der Erfinder dieser menschenverachtenden »Völkerschauen«, aber er war bald einer der führenden Veranstalter in Deutschland und Europa und perfektionierte die Idee im Laufe der nächsten Jahrzehnte. Und zwar mit großem Erfolg.

Schaustellungen »exotischer« Menschen hatte es schon früher gegeben. Einen Wirtschaftszweig, mit dem man viel Geld verdienen konnte, stellten sie allerdings noch nicht dar. Es gab kaum Regeln und keine

Profis, welche die »Ausstellungsstücke« besorgten oder sich als solche zur Verfügung stellten. Aber schon diese spielerische Inszenierung von Fremdheit, Neugier oder Grausamkeit hatte Besuchermassen angezogen. Doch seit etwa Mitte des 19. Jahrhunderts entwickelten sich diese Schauen zu einem Muster weiter, an dem Hagenbeck sehr erfolgreich und führend mitstrickte: rassisch gefärbte Zurschaustellungen von Menschen, die auf die Europäer anders, fremd und daher spannend wirkten. Und auf die sie als vermeintlich überlegene Rasse herabblickten. »Diejenigen auszustellen, die ›anders‹ waren als man selbst, wurde zu einem sichtbaren und einfachen Zeichen für Modernität und nationale Größe«, schreiben die französischen Historiker Pascale Blanchard, Nicolas Bancel, Gilles Boëtsch, Éric Deroo und Sandrine Lemaire. Die zaristische Regierung Russlands erkannte das genau und verbot daher den Bürgern und Bürgerinnen ihres Landes, sich für diese Schauen zur Verfügung zu stellen. Denn es gab Regionen in Russland, in denen Menschen lebten, die den Europäern ebenfalls als »exotisch« galten und daher als nicht ebenbürtig. Der Zar aber sah in den Schauen eine Minderung des Status dieser Menschen.

Ein Besuch im Zoo oder im »Eingeborenen-Dorf« bot die Möglichkeit, sich ein Bild über die Vielfalt der Menschheit zu machen – aber eben auch den weißen Europäern oder Amerikanern zu verdeutlichen, welcher Platz den »anderen« zukam und welcher den Weißen. Dieser zweite Aspekt wurde zu Beginn des 20. Jahrhunderts immer dominierender. Bald wurde der Begriff »Menschenzoo« für die Schauen gang und gäbe. Der Historiker Pascale Blanchard hat definiert, was darunter genau zu verstehen ist, nämlich »einen Menschen in einen besonderen, rekonstruierten Raum zu stellen, um ihn der Betrachtung preiszugeben, und zwar nicht deshalb, weil er – zum Beispiel als Handwerker – etwas Bestimmtes ›tut‹, sondern weil er – gesehen durch das Prisma einer echten oder imaginierten Andersartigkeit – etwas Bestimmtes ist.« Das Konzept der Menschenzoos sei Ausdruck einer Trennung, »einer Beziehung künstlich herbeigeführter Distanz und Außensicht, materialisiert durch Vorrichtungen, die physischen Abstand schaffen (Schranken, Zäune, Absperrungen, Trennwände)« und die uns dazu verleiten, »eine unsichtbare, aber fühlbare Grenzlinie zwischen ›ihnen‹ und ›uns‹ zu ziehen«. Die Ausstellung »andersartiger« Menschen hatte drei Funktionen: Belustigung, Information und Bildung der Besucher und Besucherinnen.

Wie schon gesagt: Carl Hagenbeck war nicht der Erfinder dieser Menschenzoos oder Völkerschauen, aber er war ihr wichtigster Protagonist in Deutschland. Von den rund 400 Schauen, die zwischen dem letzten Viertel des 19. Jahrhunderts und dem Beginn des Ersten Weltkriegs 1914 in Deutschland stattfanden, gingen knapp 100 auf sein Konto und es waren die erfolgreichsten. Los ging es mit der Zurschaustellung jener Gruppe von Samen – oder Lappländern, wie sie damals oft genannt wurden – 1874. Nachdem sie nach Hamburg transportiert worden waren, stellte Hagenbeck den Männern, Frauen und Kindern hinter seinem Haus auf dem Neuen Pferdemarkt im heutigen Zentrum Hamburgs ein Gelände zur Verfügung, auf dem sie ein Dorf aus Zelten errichten konnten. »Schön konnte man sie gerade nicht nennen. Die Augen stehen ein wenig schief, die Nase ist klein und platt. Dagegen ist das Knochengerüst dieser im Durchschnitt nur 1,30 bis 1,60 Meter großen Menschen sehr fein und zart. Und kleinere Hände und Füße als bei den Lappländern habe ich nur noch an den Eskimoschönen bewundern können«, erinnerte sich Hagenbeck im Rückblick.

Auf dem ihnen zur Verfügung gestellten Gelände bauten die Samen unter den Augen der scharenweise herbeiströmenden Interessierten ihre Zelte regelmäßig auf und wieder ab, tagein, tagaus. Die Männer gingen ihrer Arbeit wie gewohnt nach, fertigten aus Rentierfell und Sehnen Schneeschuhe oder arbeiteten an ihren Schlitten. Aber besonders gefiel dem Publikum, wenn sie in ihren langen Pelzröcken Rentiere mit dem Lasso einfingen. An einer Stelle seiner Beschreibung hat Hagenbeck – vermutlich ganz unbewusst – die ausgestellten Menschen und Tiere geradezu auf eine Stufe gestellt, wenn er schrieb: »Großes Interesse erweckte jedes Mal das Melken der Rentiere und Aufsehen erregte geradezu die kleine Lappländerfrau, wenn sie in aller Natürlichkeit dem Säugling die Brust reichte.« Die Kunde von der Sensation, die Hagenbeck bot, sprach sich schnell in Hamburg herum und die Menschen kamen in großen Scharen, um sich dieses Spektakel anzusehen. Der Andrang war bald so groß, dass die Polizei schon früh am Morgen den Zugang regulieren musste. Nach einigen Wochen brachen die Samen ihre Zelte in Hamburg wieder ab. Weiter ging es zunächst nach Berlin und dann nach Leipzig – und jedes Mal war der Andrang ähnlich groß.

Die Menschenschauen trafen den Geschmack der Zeit

Hagenbeck hatte ganz offensichtlich eine Marktlücke entdeckt, das Publikum gierte geradezu nach der ihm gebotenen »Exotik«. Er zog daraus die Konsequenz und die konnte nur heißen, so schnell wie möglich eine neue Schau auf die Beine zu stellen. Er entschied sich für eine Gruppe, die das Interesse an »Exotik« vielleicht noch besser bedienen konnte als die Samen. Er beauftragte seinen Reisenden in Nubien, der gewöhnlich Tiere für Hagenbeck einkaufte, damit, ihm eine Gruppe von Eingeborenen zu beschaffen, denn diesmal wollte er den Besuchern ein Bild aus dem ägyptischen Sudan bieten. Dazu gehörte in seinen Augen, dass die Männer in ihrem aufwendigen Kriegsschmuck gezeigt werden sollten. Aber die Menschen waren ihm auch diesmal nicht genug, er forderte auch Dromedare, Haustiere, Haus- und Jagdgerätschaften und eine möglichst »reichhaltige ethnographische Sammlung« an. Die Schau wurde ein Riesenerfolg. Nach Hamburg ging sie nach Paris und dann nach London. Überall strömten die Menschen herbei, um die Nubier zu bestaunen. Carl Hagenbeck wusste nun, dass er in Zukunft mehr solche Schauen auf die Beine stellen und damit viel Geld verdienen würde.

Er täuschte sich nicht, eine Schau nach der anderen wurde ein Erfolg. Sehr erfolgreich wurde 1883 die »Kalmückenschau«. Hagenbeck hatte seine Reisenden in das Wolgagebiet geschickt, um dort lebende Kalmücken, die als Nomadenvolk lebten, zu rekrutieren; auch diesmal wieder mit »allem ethnographischen Drum und Dran«. Der findige Hamburger Geschäftsmann war begeistert und schrieb später in seinen Memoiren: »Mit ihren Wohnzelten, Kibitken genannt, ihrer Herde von Kamelen und riesigen Fettschwanzschafen, die ihre durch die Fettbildung so schwer gewordenen Steiße auf einem zweirädrigen Karren hinter sich herziehen müssen, bildeten sie eine große Sehenswürdigkeit.« Die Kalmückenschau wurde ein riesiger Erfolg, der Andrang des Publikums war so groß, dass die Polizei für Ordnung sorgen musste. Einige Wissenschaftler kamen, aber vor allem ganz normale Menschen, auf die es sehr reizvoll wirkte, wenn die ausgestellten Menschenobjekte fochten, sangen, tanzten und auf ihren Pferden ritten. Zu der Schau kamen in den Berliner Zoo 93 000 Interessierte – an nur einem einzigen Tag. Insgesamt übertraf die Zahl die Millionengrenze, sodass die Schau im folgenden Jahr wiederholt wurde.

Doch nach welchen Kriterien suchte Hagenbeck die Menschengruppen für seine Ethno-Events aus? Zunächst einmal mussten sie aus europäischer Sicht natürlich eine gewisse Fremdartigkeit bieten. Ebenso machten physische Besonderheiten sie interessant. Spektakuläre oder ästhetische körperliche Merkmale waren ein großes Plus. So wurden beispielsweise regelmäßig Singhalesen und Somali angeheuert, denn sie waren in den Augen der Europäer besonders schön und grazil. Neben dem exotischen Aspekt zeigte sich hier übrigens auch ein erotischer. Denn nicht wenige Besucher und Besucherinnen fühlten sich von den ausgestellten Somaliern mit ihren europäisch wirkenden Gesichtszügen erotisch angezogen. So war zu beobachten, dass gerade Frauen immer wieder beim Anblick der Ostafrikaner schwach wurden, und es kam zu Fällen, in denen sich europäische Besucherinnen und Besucher in bestimmte ausgestellte Personen verliebten. Wurde das bei Männern eher mit einer Mischung aus Ablehnung und Augenzwinkern aufgenommen, so erzeugte eine solche Reaktion bei Frauen große Empörung, galt sie doch als absolut unschicklich.

Aber nicht nur Schönheit war angesagt. Auch das, was in den Augen der Europäer als ausgesprochen hässlich oder monströs galt, war interessant. Selbst Individuen oder Gruppen mit angeborenen oder durch bestimmte Kulturtechniken herbeigeführten Missbildungen wurden gezeigt. Das galt zum Beispiel für kleinwüchsige Singhalesen oder für Indianerfrauen, deren Schädel im Säuglingsalter durch das Anbinden von Brettern künstlich in eine längliche Form gepresst worden war, so die Historikerin Hilke Thode-Arora. Aber Hagenbeck hatte auch Grenzen. So weigerte er sich, die als sogenannte Lippennegerinnen bekannten

Sara-Kaba-Frauen mit ihren großen Lippenplatten zu zeigen, und das galt auch für die »Giraffenhalsfrauen« aus Burma, bei denen die Schultern durch Halsringe deformiert waren.

Und nicht zuletzt waren »pittoreske Bräuche« wichtig, schließlich sollte dem Publikum ja etwas geboten werden. Schlangenbeschwörer, Bärendresseure, Bambusartisten, Yogis und Tänzer standen ganz oben auf der Hitliste – allerdings handelte es sich dabei meistens um Personen, die auch in ihrer gewohnten Umwelt als Unterhaltungskünstler auftraten. Mit der »Authenzität«, auf die Hagenbeck so viel Wert legte, war es in solchen Fällen natürlich nicht weit her. Und last but not least war schlicht die Nachfrage ein wichtiger Aspekt bei der Auswahl. Inder, Singhalesen und Somali wurden häufig angeheuert, weil sie das Publikum anzogen. Ein Flop waren dagegen Bella-Coola-Indianer von der amerikanischen Nordwestküste, denn sie entsprachen nicht dem gängigen Klischee von den Indianern, das in Deutschland vorherrschte und durch die Romane Karl Mays geprägt war.

Ein besonders großer Erfolg wurde 1895 Hagenbecks Indienschau. Sie wurde in mehreren Ländern gezeigt. Alleine in Paris sollen sie innerhalb von zehn Wochen mehrere Millionen Menschen besucht haben, in Wien war sogar Kaiser Franz Joseph unter den Gästen und bekam selbstredend von Hagenbeck eine fast zweistündige persönliche Führung. Im Laufe der Jahre verwandelten sich die Schauen zu Vorführungen mit eigens entwickelter Handlung. Ein gutes Beispiel dafür ist die 1895 veranstaltete Somali-Schau, die Hagenbeck in London anbot. 66 Somalis unter der Führung ihres jungen Häuptlings Hersy Egga wurde herbeitransportiert, 20 Tonnen Gepäck und Geräte sowie 252 Tiere gehörten zur opulenten Ausstattung. In einer Breite von über 700 Metern wurde ein komplettes Somalidorf aufgebaut wie eine Theaterkulisse, in dem die Bewohner nach ihrer Sitte das Mahl bereiteten, die Tiere fütterten oder Gerätschaften anfertigten. Dabei sei »mehr oder weniger diskret« ein Einblick in das afrikanische Familienleben gewährt worden, wie Hagenbeck etwas verschämt schrieb. Im Klartext: Privatsphäre gab es für die menschlichen Ausstellungsstücke nicht.

Um dem Publikum etwas zu bieten, wurden also Aufführungen entwickelt, die fast schon an kleine Theaterstücke erinnerten und zeigen sollten, was damals noch alles in der Heimat der ausgestellten Menschen passieren konnte. Dabei stand die Spannung für die Besucher im Vordergrund, weniger die Authentizität der gezeigten Show. In der bekanntesten Darbietung überfielen Sklavenhändler das friedliche Dorf. Araber auf Dromedaren umritten mit Geschrei und Gewehrschüssen die Dorfbewohner, die eben noch schmausend auf dem Boden gehockt hatten. »Erschrocken stob die Ziegenherde auseinander, Hühner flüchteten gackernd, und nach kurzem Handgemenge wurden die armen Gefangenen, sehr realistisch in Ketten und Holzgabeln gelegt, als lebende Beute abgeführt«, schildert Hagenbeck selbst das Geschehen. Doch dann die Rettung: Europäische Tierfänger betraten die Bühne und verjagten mit einem Feuergefecht die räuberischen Beduinen. Anschließend gab es ein großes Friedensfest, bei dem zu landestypischer Musik getanzt wurde und »die Riten eines echt sudanischen Stammesfestes beobachtet wurden«. Dann wurden Straußentreibjagden auf Renndromedaren vorgeführt, ebenso der Fang von afrikanischem Wild. Zum Schluss umzog eine Karawane mehrmals das Ausstellungsgelände: »Prachtvolle afrikanische Elefanten, Krieger im Waffenschmuck führten Tragtiere mit Kästen voll Löwen, Geparden, Schakalen und Affen. Dazu trieben die Eingeborenen Herden von Straußen, Zebras und Ziegen …«

Wissenschaftler unterstützten Hagenbeck

Es stellt sich die Frage, wie Hagenbeck eigentlich die Menschen für seine Schauen rekrutierte. Das war gar nicht so schwer, denn er konnte auf dieselben Rekrutierer zurückgreifen, die ihm auch seine wilden Tiere besorgten. Er hatte sich ein weitverzweigtes Netz in nahezu allen Teilen der Erde aufgebaut, das ihm nur zu gerne behilflich war. Eine andere Frage ist, wie sich die Angesprochenen überzeugen ließen, ob sie freiwillig nach Europa in eine für sie völlig fremde Welt mitgingen oder ob Druck und Zwang ausgeübt werden musste. Leider wissen wir darüber sehr wenig, aber vermutlich wurde echter Zwang nur in wenigen Fällen ausgeübt. Allerdings war vermutlich sehr vielen Menschen, die sich überzeugen ließen, nicht klar, was tatsächlich auf sie zukommen würde. Von ihrer »Arbeit«, die darin bestehen sollte, von Europäern, die sich ihnen gegenüber überlegen fühlten, angegafft zu werden, hatten sie schlicht keine Vorstellung. Hagenbeck ließ seine Beauftragten Verträge abschließen – das machten keineswegs alle seine Konkurrenten so. Darin waren die »Arbeitsbedingungen« beziehungsweise die Verpflichtungen, die Dauer der Schau und die karge Entlohnung festgelegt.

Über die Reaktionen der Betroffenen haben wir leider nur sehr wenige Quellen. Der christliche Inuit Abraham Ulrikab, der Anfang der 1880er-Jahre in einer Eskimo-Schau »arbeitete«, verfasste ein Tagebuch, aus dem deutlich wird, wie verstörend er es empfand, in dieser Weise zur Schau gestellt zu werden.

Kurz nach der Jahrhundertwende begann der Erfolg allmählich nachzulassen, der Effekt des Sensationellen und ganz Neuen verblasste. Vor allem aber verbot im Jahr 1901 das deutsche Kolonialamt die Anwerbung von Völkerschau-Truppen aus den deutschen Kolonialgebieten. Das hatte nichts mit humanitären Gründen zu tun, sondern galt als ein Gebot der Sittlichkeit, denn meistens waren die ausgestellten Männer äußerst spärlich bekleidet, was – wie schon gesehen – bei manchen Besucherinnen auf größtes erotisches Interesse stieß. Es kam sogar zu einigen Vermählungen. Außerdem befürchtete die Politik, es könne zu aufmüpfigen Gedanken bei den Indigenen führen, wenn sie erst einmal den Wohlstand der Deutschen kennengelernt hätten und sich fragten, warum sie nicht auch so lebten. Allerdings blieben Menschen- oder Völkerschauen auch jetzt durchaus noch ein Zuschauermagnet. Als Reaktion auf diese Entwicklung gründete Carl Hagenbeck seinen Tierpark in Stellingen, für den er heute berühmt ist, während seine rassistischen Völkerschauen weitgehend in Vergessenheit geraten sind. So war das, was später als sehr fortschrittlich und modern angesehen wurde, eine Weiterentwicklung der Völkerschauen, die Ausdruck des weitverbreiteten Rassismus während der Hochzeit der Kolonialherrschaft der Europäer über andere Völker und Länder waren.

Die Wissenschaft nutzte die ausgestellten Menschen gerne für ihre Zwecke, denn so bequem wie während der Völkerschauen kamen die Wissenschaftler sonst nicht an ihre menschlichen Forschungsobjekte. Diese Menschen mussten vertraglich zusichern, dass sie sich für Vermessungen des Körpers und Ähnliches zur Verfügung stellen würden. Die Wissenschaft hatte es sich damals zum Ziel gesetzt, menschliche »Rassen« zu definieren und in eine hierarchische Reihenfolge zu bringen. Wobei man selbstverständlich davon ausging, dass die weißen Europäer ganz oben in dieser Hierarchie stünden. Gerne unterstützten Wissenschaftler daher die Menschenschauen. So schrieb der berühmte Berliner Arzt Rudolf Virchow, der auch Vorsitzender der Deutschen Gesellschaft für Anthropologie, Ethnologie und Urgeschichte war: »Diese Menschenvorstellungen sind sehr interessant für jeden, der sich einigermaßen klar werden will über die Stellung, welche der Mensch überhaupt in der Natur einnimmt, und über die Entwicklung, welche das Menschengeschlecht durchmessen hat.«

Die breite Masse der Zuschauer, die zu Millionen in die Schauen strömte, wäre gar nicht auf den Gedanken gekommen, etwas Anstößiges daran zu finden, Menschen, die man als minderwertig ansah, zu bestaunen. Sie wollten sich vor allem unterhalten, viele sicher auch weiterbilden. Dass die Zurschaustellung gerade Klischees und Stereotypen förderte, war diesen Zuschauern nicht bewusst und das konnte es auch gar nicht sein. Gängige rassistische Lehren aus der Anthropologie wurden durch Schauen populär oder verfestigten sich bei den Massen. Es traf die Stimmung der Zeit, dass die Besucher in den europäischen Städten sich den ausgestellten Vertretern indigener Völker überlegen fühlen konnten. Doch Stereotypen über Fremde sagen eben meistens mehr über diejenigen aus, die diese Stereotypen verbreiten und an sie glauben, als über diejenigen, die damit beschrieben werden. Für die Regierungen der Kolonialmächte war das durchaus ein mehr als willkommener Nebenaspekt, denn sie boten neben der wirtschaftlichen und machtpolitischen eine weitere Begründung für die Inanspruchnahme großer Gebiete außerhalb Europas. Dass die Europäer, wie in der Somalischau von 1895 sogar als Befreier auftraten, war eine groteske Verdrehung der Tatsachen in den Kolonialgebieten.

Wenn die Millionen in die Schauen strömten, die Ausstellung von Menschen dem Zeitgeist entsprachen und selbst Wissenschaftler ihren Segen gaben – ist dann Carl Hagenbeck nicht eigentlich fein heraus und gehört gar nicht in dieses Buch? So einfach ist es doch nicht, denn es gab durchaus scharfe Kritik an den Menschenschauen.

Vertreter der Kirchen lehnten sie ab, Publizisten kritisierten sie. So prangerte der österreichische Schriftsteller Fritz Mauthner die Entrechtung und Abhängigkeit der zur Schau gestellten Menschen an und sein Schriftsteller-Kollege Rainer Maria Rilke empfand ein »unüberwindliches Gefühl der Beklommenheit« nach dem Besuch einer Schau. Anlässlich einer Völkerschau in Wien nahm ein Kritiker das Ausgestellte auf die Schippe, weil es überhaupt nichts mit der Realität zu tun habe, in der die ausgestellten Menschen wirklich lebten: »Wilde müssen wir vorstellen, Herrn, Afrikaner. Ganz närrisch ist es. In Afrika können wir so nicht sein. Alle würden lachen. ... In solchen Hütten wohnt niemand. ... Man wünscht es, dass wir Tiere darstellen.« Die Leute würden sagen: »He, solche wie in Europa gibt es genug. Wozu braucht man euch? Nackt müsst ihr sein natürlich.«

Der Hamburger Schriftsteller Hans Henny Jahn, der in Stellingen aufgewachsen ist, wurde zu einem der bekanntesten zeitgenössischen Gegner der Völkerschauen. In seinem Roman *Fluss ohne Ufer* schrieb er über die Schauen: »Das bedeutet, eine Handelsagentur oder der Impresario für willenlose, halbverkaufte, halbbestochene Menschen vermittelte dem halbwissenschaftlichen Institut die Einwanderung einer Gruppe von Afrikanern, Indios, Südseeinsulanern oder Ceylonesen.« Auch von Wissenschaftlern kam im Laufe der Jahre vermehrt Kritik, weil sie feststellten, dass es Hagenbeck um seine Geschäftsinteressen ging, nicht um Fortschritte der Wissenschaft. Diesen Aspekt betonte auch die *Magdeburger Zeitung* in einem Artikel angesichts einer Inuit-Ausstellung von 1880 im Berliner Zoo: »Nun behaupten wir, dass mit der eingehendsten Besichtigung all dieser ›interessanten Einzelheiten‹ auch von dem sogenannten anthropologischen Standpunkt aus betrachtet, gar nichts gewonnen ist. Weder unsere Bildung noch unsere Kenntnisse sind irgendwie erweitert worden. Wohl aber können wir uns, und sicherlich viele mit uns, eines sehr peinlichen Gefühls gegen diese in neuester Zeit überhandnehmenden ›Menschenausstellungen‹ nicht erwehren und vollends gegen diese ›Menschenausstellungen‹ in zoologischen Gärten!« Journalisten haben das Ohr am Puls der Zeit – wenn der Autor dieser Zeilen davon ausging, dass wie er selbst viele seiner Zeitgenossen die Menschenschauen ablehnten, wird das vermutlich zugetroffen haben.

Erst nach dem Ersten Weltkrieg verschwanden die Völkerschauen mehr und mehr. Der Zeitgeist änderte sich, die europäischen Gesellschaften wurden sensibler; ebenso bot das neue Medium Film, das sich nun rasch verbreitete, neue Möglichkeiten, indigene Völker zu zeigen – die Stereotypen und Klischees blieben allerdings grundsätzlich noch lange erhalten. Doch das Interesse sank deutlich und nach dem Zweiten Weltkrieg schlugen die Versuche, die Schauen wiederzubeleben, fehl. Überall setzte der Prozess der Entkolonisierung ein und vor diesem Hintergrund waren Völkerschauen geradezu eine Kriegserklärung an die betroffenen indigenen Völker. Die letzte bekannte Völkerschau in Deutschland fand 1959 mit einer »Hawai«-Schau auf dem Münchner Oktoberfest statt.

Emil Ludwig gehörte in den Zwanziger- und Dreißigerjahren zu den bekanntesten und erfolgreichsten deutschen Schriftstellern und Autoren weltweit. Geboren 1881 in Breslau als Sohn eines renommierten jüdischen Augenarztes, floh er schon zu Beginn des 20. Jahrhunderts mit seiner südafrikanischen Frau vor dem militaristischen Wesen in die Schweiz. Obwohl sein Onkel der zweitreichste Mann Preußens war, entschied sich Ludwig für das unstete Leben als Schriftsteller und Journalist. Sein weltweiter Erfolg – seine Bücher wurden in 28 Sprachen übersetzt – kam 1921 mit seiner Biografie über Goethe. In den folgenden Jahren legte er in schneller Folge Bücher über Bismarck, Napoleon, Wilhelm II. und über den Kriegsausbruch von 1914 vor. Ursprünglich ein unpolitischer Bohemien, entwickelte er sich zu einem scharfen Kritiker der Rechten. Als bekanntester Vertreter der »Historischen Belletristik«, als liberaler Jude aus dem Bildungsbürgertum, als Autor der »Weltbühne« und als Kämpfer für Demokratie und internationale Verständigung avancierte er zum Lieblingsfeind der Rechten.
Ludwig kannte viele Persönlichkeiten aus Kultur und Politik und lud viele Berühmtheiten in sein Haus am Lago Maggiore ein. Zu seinen Freunden und Bekannten zählten Walther Rathenau, Maximilian Harden, Erich Maria Remarque, Thomas Mann und vor allem auch Gerhart Hauptmann, von dem er sich später enttäuscht abwandte. Seit 1931 reiste er aus Furcht vor Mordanschlägen nicht mehr nach Deutschland. In anderen Ländern, allen voran den USA, wo er als der bekannteste Vertreter eines neuen, demokratischen Deutschland galt, wurde er zu dieser Zeit gefeiert wie ein moderner Popstar. Eine Reihe von Staatsmännern, darunter auch Josef Stalin, ließen bei ihm anfragen, ob er eine Biografie über sie schreiben wolle. 1940 emigrierte er in die USA und durfte als einziger deutscher Publizist in offizieller Mission die US-Regierung unter Präsident Franklin D. Roosevelt, den er persönlich kannte, beraten. In den fünf Jahren in den USA legte er sich mit vielen anderen Emigranten an, weil er sich für eine harte Behandlung der Deutschen nach der Niederlage des Dritten Reiches aussprach. 1945 kehrte er in seine geliebte Schweizer Heimat zurück, wurde aber von vielen deutschen Kollegen und Journalisten nun geschnitten. 1948 verstarb Emil Ludwig.

Aus dem Verlagsprogramm

»Armin Fuhrer hat ein spannendes Buch geschrieben, das wichtige und spannende Erkenntnisse zu einem unbekannten Kapitel der NS-Geschichte gibt.«
Thomas Weber, Universität Aberdeen

Armin Fuhrer
Görings NSA
Das »Forschungsamt« im Dritten Reich. Die unbekannte Geschichte des größten Geheimdienstes der Nazis
Geb. 252 Seiten.
€ 22,95 [D] | € 23,60 [A]
ISBN 978-3-95768-194-2

Es war der größte Geheimdienst der Nazis. Doch obwohl das »Forschungsamt« des Luftfahrtministeriums – so lautete der Tarnname – von Hermann Göring wie ein Privatdienst geleitet, mitten in Berlin residierte, war es nicht nur in der deutschen Bevölkerung, sondern auch den Alliierten unbekannt. Dabei leisteten Görings Lauscher, maßgeblich unterstützt von der Deutschen Reichspost, hervorragende Arbeit. Sie lasen im Frieden und im Krieg den feindlichen Funkverkehr mit und belauschten ausländische Regierungen und Diplomaten sowie deutsche NS-Gegner. Selbst US-Präsident Franklin D. Roosevelt und der britische Premierminister Winston Churchill wurden abgehört. Insgesamt wurden mindestens eine halbe Million Gespräche belauscht und zum Teil aufgezeichnet – in einer Zeit, in der es viel weniger Telefonanschlüsse gab als heute und die zu überwachenden Personen gezielt ausgesucht wurden, eine ungeheure Zahl. Das Amt, technisch auf dem neuesten Stand ausgerüstet und ständig im Konkurrenzkampf mit vergleichbaren anderen NS-Institutionen, lieferte Adolf Hitler wichtige außenpolitische Informationen, die er gezielt einsetzte. Für Hermann Göring war es ein sehr wichtiges, heute weit unterschätztes Instrument zum Ausbau seiner persönlichen Macht. Obwohl die einstmals riesigen Aktenbestände in den letzten Monaten des Zweiten Weltkrieges vernichtet wurden, liefert das Buch einen spannenden und erhellenden Einblick in die Geschichte des Forschungsamtes.

www.lau-verlag.de